先生と子どもたちの

学校俳句歳時記

日本のみならず、世界の人に愛される俳句を目指して

元文部大臣・国際俳句交流協会会長　有馬朗人

俳句は例外もありますが、伝統的には五・七・五の十七音から作られる短い詩です。そして主な内容は季題・季語です。この季題・季語は四季に応じて、自然がどのように変化して行くか、生物がどのように活躍するか、人間がどのような生活をするかを表す言葉です。

日本には美しい、そして時に厳しい自然があり、その自然ははっきりとした四季の変化を示します。その豊かな自然の四季の変化や、その中で生きている人間の喜怒哀楽を短い詩で表すのが俳句です。短い言葉で自然やその自然と共生する人間の生活を主題にする詩は日本独特のものです。

しかし近年では世界的にHaiku（ハイク）が広がっています。自然を詠《うた》う短い詩は誰にでも作れ、親しめ、記憶しやすいことから、日本のみならず世界中で俳句を愛する人が増えているのです。

そのように世界に誇るべき俳句という短詩を、小、中学校そして高等学校で学んでおくことは、その後の永い人生を豊かなものにしてくれます。俳句を作ることによって、特に自然を自分の目でよく見て、自分の言葉で短く表現する訓練は、言語感覚を鋭くすることに役立ち、将来の言語活動に良い影響を与えてくれることは明らかです。

アメリカなどの外国でも、俳句を作ることが生み出すこのような効果を認識し、小学校などでそれぞれの国の言葉を用いてHaiku（ハイク）と称する短詩を作らせているようです。

優れた日本の文化である俳句づくりには、適切な歳時記が役に立ちます。その目的にぴったりの『先生と子どもたちの学校俳句歳時記』が発刊され大変喜んでいます。その上この歳時記には、学校で実地に作句を指導しておられる先生や、小、中学生と高校生の皆さんの俳句作品から、「りんり俳句大賞」で選ばれ表彰された優れた作品が例句として採用されています。この歳時記は先生たちにとっても児童、生徒の皆さんたちにとっても俳句創作をする際、大いに参考になるでしょうし、楽しい読本にもなるでしょう。

「りんり俳句大賞」も、星野高士先生を選考委員長として、昨年で十年の歴史を重ねました。そのような長い歴史で優れた俳句が集積しています。それがこの『先生と子どもたちの学校俳句歳時記』に結実しています。この歳時記が一人でも多くの方々に愛用されることを楽しみにしています。

美しい日本語がこれからも大切にされ、俳句という日本の伝統芸術が更に発展していくことを祈っています。そして俳句という短詩が日本のみならず世界の人々に愛され、異文化交流、さらには世界の平和の構築に貢献することを祈念しています。

ホモ・コンビナンスにとっての俳句創作

文化庁文化部国語課　国語調査官　鈴木仁也

平成二三年度から、言語活動の充実や、伝統や文化に関する教育の充実などを特徴に挙げる小学校学習指導要領が実施されています。国語科を見ると、「易しい文語調の短歌や俳句について、情景を思い浮かべたり、リズムを感じ取りながら音読や暗唱をしたりすること。」（第三学年及び第四学年）、「経験したこと、想像したことなどを基に、詩や短歌、俳句をつくったり、物語や随筆などを書いたりすること。」（第五学年及び第六学年）と、俳句に関する記述を確認することができます。特に、第五学年及び第六学年で、俳句創作が挙げられていることは注目されるところでしょう。

では、小学校学習指導要領でも明記された俳句創作の効用とは、どのようなものでしょうか。一般的には、日本の伝統的な言語文化に親しむ、五音・七音のリズムに慣れるなどの説明がなされています。これらの効用も認められますが、それ以上のものがあると考えられます。

まず、個としての俳句創作で見た場合、語彙が豊かになるという点が挙げられます。これは、辞書で立項されている言葉をただ覚えるという意味ではなく、言葉の意味内容とそれに伴うイメージとを体感的に身に付けられ、使用語彙とできるという意味です。例えば、「風船」や「ぶらんこ」は、春の季語ですが、なぜ春の季語となっているのでしょうか。本書では、意味内容とイメージとを実際の句を通して説明してありますので、納得のいく答えを示してくれ、自分でも使えるようになります。

次に、句会という形式で見た場合、他者認識と自己認識の深化が図れるという点が挙げられます。同じ対象を違った切り口で捉えた句が並ぶことそのものが楽しみの源になり、そのことから、自己と他者とが違うということ、違っていいということを体感的に理解できるのです。この自己と他者の違いの認識というのは、人間関係を形成する上での基盤となります。例えば、夏を詠もうとした場合、マイナスイメージにもつながる暑さということで「極暑」という季語を選ぶ人もいるでしょう。逆に、暑いからこそ涼しさをより感じられるという捉え方からプラスイメージにつながる「涼し」という季語を選ぶ人もいるでしょう。

さらに、俳句には、取り合わせという手法があります。これは、対象や、言葉（季語も含む）がどのようなイメージを持っているかということから共通性を見いだし、意外性のある組み合わせを句にするというもので、体感的に理解された語彙と、他者との違いをよしとできる認識があって初めて行えるものです。

この取り合わせを別の角度から考えると、俳句創作は、ヒトをヒトたらしめている「出所の異なる概念どうしを組み合わせる能力」を育むものと言えます。ここにこそ重要な効用があり、俳句創作の継続は、ホモ・コンビナンスと言われるヒトをよりヒトたらしめる活動と評することができるのです。

目次

夏の句

秋の句

刊行にあたって

鎌倉虚子立子記念館館長　星野高士

江戸時代、芭蕉、蕪村、一茶によって伝達された一つの言葉の表現形式は、明治に至り子規、虚子に代表される人物を経て俳句として現在に伝えられ、今ではたくさんの人々が、心に残る情景、感動した気持ちを十七音という言葉に凝縮し、表現することを楽しんでおります。

その日本の伝統文化とも言われる俳句に着目し、四季折々に俳句を通してことばを磨くことが現代の子どもたちの心の成長を図る好機となりうるであろうと考え、この「りんり俳句大賞」はスタートいたしました。季語を学ぶ中でより身近に自然を感じ親しみを持つこと、心情を十七音に凝縮し表現することによって、本来持っている感性を豊かに磨くこと、一年を通して俳句を創作する機会を積み重ねることで表現力を高めることをねらいとしております。そして何より、俳句は座の文学であると言われますが、教師と子どもたちが俳句を創作し、共に応募するこの試みが、子どもたちにとって教育現場の先生方とコミュニケーションを図る好機となることも併せて期待しています。

俳句は世界で一番短い文学です。

そうであるからこそ、あまり沢山のことは言えないのですが、読んでいる人に何かを伝えなければなりません。研ぎ澄まされた言葉を使ってこそ一句に光が差し込むのであり、平凡な表現ではなかなか奥行きのある深さは出てはきません。

常日頃から俳句をつくる眼でものを見ていると、不思議と玉の如き言葉が浮かんでくるときがあります。それはだんだんと自分の感性が育まれ、芽生えてきている変化であると言ってよいでしょう。

私もいつも何かがないか、何かよい言葉がないか探っています。

日本に生まれ育った季語をよく理解し、味わって自分の俳句を作ることを目指しましょう。美意識は誰でも持っていますが、新しい発見が俳句型式で表現されることを願っています。そして、是非たくさんの皆様が「りんり俳句大賞」にご応募下さるならば幸いです。

本書の八つの特徴

一、本書は日本で初めて、小学生・中学生・高校生が作った俳句を例句として採用した歳時記です。

二、掲載された俳句は、平成十五年に始まった「りんり俳句大賞」に応募された全一二万六三一一句の中から選ばれた優秀句五八六句で、春・夏・秋・冬・新年の順番で収録されています。

三、巻頭には各回の大賞受賞句を掲出しています。また、すべての優秀句は春・夏・秋・冬・新年の季節ごとに並べられており、受賞時に寸評のあるものについては句の後に、評者名を添えて掲載してあるため、鑑賞や俳句の創作に役立ちます。

四、句作への活用に役立つように、歳時記の形式を取っており、それぞれの季節・季語にはどのような句があるのかが探しやすくなっています。また、受賞者の当時の学年が示されているので、学校などでの指導の際の目安になります。

五、各季語については、表題に、傍題および季語説明を付し、季語の意味や類似の季語を探すのが容易です。また、すべての表題、傍題については読み仮名を現代仮名遣いで付しているので、普段使わない言葉や読み方も知ることができます。なお、俳句以外の文学同様、季語は本書に記されている基本的な表記に限らず、それぞれ、漢字・ひらがな・カタカナで表せることもお伝えください。

六、表記は常用漢字、現代仮名遣いを基本としていますが、掲載俳句は応募されたままとし、歴史的仮名遣いを用いている場合は右側に括弧つきで現代読みを付してあります。

【例】 梟のふは(わ)りと止まる一枝かな

七、俳人である監修者による「俳句創作の五つのポイント」「俳句鑑賞の勘所」「句会を開きましょう！」が収録されているため、初学者や俳句の指導の初心者でも、授業中での実践が可能となっています。

八、巻末には各季節の主要季語の一覧を、一般の歳時記に準じて「時候」「天文」「地理」「生活」「行事」「動物」「植物」の順で収録してあります。この一覧を拡大して教室に掲出すると、日頃から季語への親しみを持ってもらえます。季語一覧にあって、まだ例句がないものは、今後の応募によって優秀句に選ばれると例句となります。「りんり俳句大賞」では、皆さんの健闘を期待しております。

文部科学大臣賞

つゆの日の雨の柱がすきとおる
（藤木樹大　鳥取県・智頭町立土師小学校四年　第六回）

白鳥の呼びあう声が響く空
（石澤麻友子　青森県・柴田女子高等学校一年　第七回）

ひとり待つ駅の広さよ赤蜻蛉
（木村圭佑　愛媛県・済美平成中等教育学校五年　第八回）

水替えて金魚が水をまぶしがる
（山中なつみ　茨城県・境西高等学校三年　第九回）

先生のくつにバッタがとまったよ

（牧野望愛　鳥取県・鳥取市立美保小学校三年　第十回）

上廣倫理財団会長賞

古ぼけた簞笥の隅に潜む秋

（二木恵理奈　青森県・三本木高等学校一年　第一回）

初雪を今か今かと待つ窓辺

（澁谷嘉比呂　東京都・桜美林高等学校二年　第二回）

走っても走っても凧まわるだけ

（大久保愛理　千葉県・成東町立大富小学校六年　第三回）

母の日に花束ひとつ置いて出る

（西口さやか　宮崎県・延岡市立島野浦中学校二年　第四回）

菜の花はいろんな空を知っている

（堀井一恵　宮城県・石巻市立女子商業高等学校三年　第五回）

数へ《（え）》日の母の背中にありがとう

（大和田沙貴　茨城県・下館第一高等学校二年　第六回）

筆箱でねむるえんぴつ夏の夜
（伊藤友梨　東京都・足立区立六木小学校六年　第七回）

友達とけんかしたまま冬休み
（赤堀未来　千葉県・我孫子市立我孫子第四小学校六年　第八回）

大勢の中にまぎれる夏祭り
（冨岡凌平　愛媛県・愛南町立御荘中学校一年　第九回）

今はただ津波の跡に雪白し
（木村将也　宮城県・石巻商業高等学校三年　第十回）

鎌倉虚子立子記念館館長賞

いもうとのめんどうをみたなつやすみ

（池上司　兵庫県・加古川市立加古川小学校六年　第一回）

南京のやむことのない冬の風

（上門勝弥　中国・広州日本人学校一年　第二回）

巫女さんに採用されし十二月

（北平地恵美　愛媛県・松山東高等学校二年　第三回）

黄昏とベンチの上の木の実独楽

（太田知里　石川県・大聖寺高等学校一年　第四回）

ストーブの前にあつまる家族の手
（松宮浩子　埼玉県・狭山市立柏原中学校三年　第五回）

憧れの青空に発つ雀の子
（新名彩香　大分県・臼杵市立東中学校二年　第六回）

クリスマス玄関のかぎ開けておく
（儀武愛理　沖縄県・那覇市立首里中学校三年　第七回）

蝶を追う心は今も変わらない
（伊良部菜央　沖縄県・宮古島市立西城中学校三年　第八回）

墓参りお水をどうぞおじいちゃん
（佐藤倫　青森県・八戸市立根城小学校五年　第九回）

太陽に水鉄砲でけんかうる
（今田航平　千葉県・千葉市立新宿中学校三年　第十回）

読売新聞社賞

山の道疲れた時に滝の音
（鈴木智則　茨城県・石岡市立城南中学校三年　第一回）

春の句

時候

春《はる》

陽春《ようしゅん》
芳春《ほうしゅん》

立春（二月四日ごろ）から立夏（五月六日ごろ）の前日までの二・三・四月が、春です。草木が萌え、動物や虫たちが顔を出し、たくさんの花が咲き、世界が光にあふれるようになります。私たち人間にとっては、卒業や入学など、節目の季節でもあります。

春というスタート地点に私は居る　（宮崎県　谷合祐夏子　中一）

先輩と呼ばれて背筋伸ばす春　（愛知県　小林桂好季　中二）

春は入学、卒業などで人々が入れ替わる時季。突然先輩と呼ばれて少し驚いている作者がこちらにも見えるようです。「春」で止めたところも面白いですね。（星野）

春（時候）

立春《りっしゅん》

春《はる》が来《く》る
春立《はるた》つ

節分の翌日、二月四日ごろが立春です。立春とは、冬が終わり、春がはじまる日です。まだまだ寒いですが、日差しの具合や空の雲に、春の兆しが感じられます。「立春」だと改まった感じが出しやすく、「春が来る」だと等身大で、春の訪れを喜んでいる様子が表現できます。

はるがくる一年生もやってくる　（山形県　佐藤愛莉　小二）

春来ればうれしいはずが淋しいな　（鳥取県　深田彩花　中三）

春寒《はるさむ》

春寒《しゅんかん》
余寒《よかん》

立春が過ぎてからの寒さを、春寒といいます。「春寒」よりも「余寒」のほうが、「春」の一字が入っていない分、寒さを感じますね。春だからといって、あたたかい景色しか詠《よ》んでいけないわけではないのです。春なのに寒いというのも、また面白いのです。

春寒し椅子を引くとき椅子の音　（青森県　宮内香宝　教諭）

教諭の部の一句ですが、字から音や春の寒さまで伝わってくるところが素晴らしい。俳句はやはり季語ですね。（星野）

春《はる》の朝《あさ》

春暁《しゅんぎょう》

冬の間は寒くてなかなか蒲団《ふとん》から出られませんでしたが、だんだんカーテンから差しこむ日差しや部屋の空気に春を感じるようになります。清少納言は、随筆『枕草子』の冒頭で「春は曙」と書いています。これは春という季節は、朝の時間帯がいちばん素晴らしい、という意味です。

鉛筆を握って眠る春の朝

（青森県　笹山康崇　高二）

花冷《はなびえ》

桜の咲くころ、急に冷えこむことです。「花冷」と表現すると、まるで桜の花びらが冷たくなっているような感じがしますね。桜もあおざめているように見えるかもしれません。ただ「寒い」というよりも、美しく聞こえます。

花冷えや制服の袖擦り切れて

（青森県　高橋愛　高二）

天文

春《はる》の月

春満月《はるまんげつ》
朧月《おぼろづき》

春の夜に見える月のことです。春は大気中に水分が多いので、景色がかすんで見えます。そうしてかすんで見える月のことを、おぼろ月といいます。おぼろ月は、輪郭がぼやけて、やわらかく、水分をたっぷり含んでいるような印象があります。

月山のふちをなぞっておぼろ月

（山形県　齋藤裕　教諭）

春《はる》の風《かぜ》

春風《はるかぜ》
風光《かぜひか》る
春風《しゅんぷう》

春に吹く風です。あたたかくやわらかで、吹かれているとのんびり優しい気持ちになります。「風光る」は春風の別名。春の明るい日差しの中、風まで光っているように感じられることをいいます。「春の風」を使うとあたたかさが、「風光る」を使うとまぶしさが表現できます。

春風が押してくれるよ通学路

（千葉県　飯塚早紀　小四）

春の風にんじゃのような人力車　（栃木県　石川賢太朗　小六）

人力車を引いている人の格好を見て、忍者に似ていると思ったのです。これも他愛ない思いつきですが、「春の風」という季語を取り合わせると、そこで一篇の詩が生まれます。こういう句ができると、俳句の魅力にとりつかれてしまうのではないでしょうか。（仁平）

かみを切りぼうず頭に春の風　（鳥取県　岡田昇樹　小六）

春風は別れと出会い運びます　（広島県　丸木瑞穂　中一）

三月の卒業、四月の入学と、春は本当に別れと出会いの季節です。さびしさと喜びとが入り交じった複雑な気持ちを、「春風が運んでくる」と、さらっと明るく表現してくれました。別れはさびしいけれど、この句には、希望に満ちた未来が感じられます。（石田）

春（天文）

春風と大きな門の東大寺
（茨城県　神田政努　中三）

春の風私をふわり包み込む
（宮崎県　井戸川茜　中三）

春風にまじりて響く汽車の音
（群馬県　相原格人　高二）

春の風弱気な僕の背中押す
（山口県　藤井敦志　高二）

春風が吹くまで春と気付かずに
（山梨県　小俣桜子　高二）

春の風出会いと別れ連れてくる
（青森県　佐々木美郷　高二）

春の風草の波紋を広げたる
（青森県　沢向浩一　高三）

湖の赤き鳥居や風光る　（千葉県　丸尾剛彦　教諭）

土起こす鍬の切っ先風光る　（長野県　所省二　教諭）

初めての台本を手に春の風　（東京都　工藤由樹子　教諭）

春の風自己紹介は私から　（茨城県　清水順子　教諭）

入学とか新入生とかの教室等での一場面が手に取るように見えてきます。それは春風だからです。（星野）

新学期の職員室での風景でしょうか。新任の先生たちの自己紹介のとき、たまたま最初に指名されたのです。照れて譲り合う人もいるけれど、作者はトップバッターの快感を満喫している。いかにも「春の風」が気持ちよさそうです。（仁平）

春 （天文）

春《はる》の雨《あめ》

春雨《はるさめ》
春霖《しゅんりん》

春に降る雨です。こまやかにしっとりと降る雨で、いつまでも降り続くように思えます。草木をはぐくむ雨でもありますから、あたたかさも感じますね。春の雨がどんなふうに降っているのか、春雨の日に自分はなにをしているのか、俳句に詠《よ》んでみましょう。

きがきれいはっぱがきれいはるのあめ
（東京都　藤野茉那　小一）

はるのあめキラキラひかるよるのくさ
（福島県　西村充陽　小五）

陽炎《かげろう》

糸遊《いとゆう》
蜃気楼《しんきろう》
海市《かいし》

春、気温が上がると、遠くのものが、ゆらゆらと揺らいで見えることがあります。陽炎は、アスファルトや雨あがりの野原などによく立ちます。幻想的な季語です。「蜃気楼」は、島やタンカーなど、遠くの景色が海の上に浮いて見える現象です。原理は陽炎と同じです。

失恋の水平線に蜃気楼
（福井県　小谷宜聖　教諭）

地理

春《はる》の山《やま》

山笑《やまわら》う

冬は枯れ姿だった山も、春がやってくると、いきいきとした姿を見せてくれます。木々が芽吹き、雪解けの水が流れ、桜などの花が咲きます。そんな明るい春の山の様子を「山笑う」といいます。むかしのひとは、まるで山が笑っているようだと表現したのです。

空っぽの弁当箱に山笑う

（埼玉県　梅田美里　中三）

春《はる》の海《うみ》

春《はる》の波《なみ》
春《はる》の浜《はま》
春《はる》の渚《なぎさ》

春の海はおだやかで、日差しに明るくかがやきます。江戸時代の俳人・与謝蕪村に〈春の海終日（ひねもす）のたりのたりかな〉という名句があります。春の海は一日中「のたりのたり」とのどかに波打っているなあ、というのです。表現が面白いですね。

それからは風を眺めて春の海

（青森県　小笠原拓馬　教諭）

生活

卒業《そつぎょう》

卒業生《そつぎょうせい》　卒業式《そつぎょうしき》
卒業証書《そつぎょうしょうしょ》
卒業歌《そつぎょうか》

三月は卒業式の季節。学校の勉強をぜんぶ終えたというしるしの卒業証書をうけとり、卒業歌を歌います。ともに過ごした友との別れや、新しい生活への希望と不安で、卒業生の胸はいっぱい。在校生は、先輩のいなくなるさみしさを感じるでしょう。

大好きなあなたが卒業してしまい
（宮崎県　石黒晋之介　中二）

卒業しやだった学校好きになる
（東京都　尾崎純菜　中三）

入学《にゅうがく》

入学式《にゅうがくしき》
新入生《しんにゅうせい》
一年生《いちねんせい》

入学式は、ふつう四月のはじめにあります。新一年生の大きなランドセルは重たそうに見えますが、きらきらとかがやいて、ほこらしげでもあります。学校に咲く桜やチューリップなどの春の花も、新しい学校生活への期待を感じさせてくれます。

春（生活）

えん筆が生まれ変わった新学期
（東京都　佐藤藍佳　小五）

まだ読めぬ名札を胸に入学す
（愛知県　冨永幸子　教諭）

遠足《えんそく》

見学や運動をするために、海辺や野山、城跡や博物館などに、日帰りで出かける学校行事です。ふだんなら教室にいる時間に、外へ行けるので、わくわくどきどきします。また前日に、どんなものを持っていこうかと悩むのも楽しいですね。

遠足で一年生と手をつなぐ
（福岡県　田畑佳美　小六）

遠足の疲れ忘れて見る夕日
（山梨県　岩間仁美　教諭）

ふんわりと富士に雲ある遠足日
（長野県　穂苅稔　教諭）

「ふんわりと」という導入の言葉が、遠足の気分をよく表しています。その「富士」と「雲」のように、生徒を引率する先生も楽しそうです。

（仁平）

磯遊《いそあそ》び

磯開《いそびら》き
潮干狩《しおひがり》
磯菜摘《いそなつみ》

春のあたたかい日差しのもとで、磯や浜辺で遊ぶことです。四月はじめは、一年のうちでもいちばん、潮の満ち引きがはげしい時期です。引き潮のときには、沖のほうまで浜辺になります。そこで、はまぐりやあさりなどをとって楽しむのが「潮干狩」です。

いそあそび知らない生き物いっぱいだ

（兵庫県　井本嘉恵　小五）

凧《たこ》

いかのぼり
奴凧《やっこだこ》

凧揚げは、江戸時代から広く行われていました。もとは村の行事のひとつでしたが、今ではお正月の遊びとして広く知られていますね。とくに毎年四月に行われる長崎の凧揚げは有名です。気持ちのいい春の青空、春の風を感じる季語です。

走っても走っても凧まわるだけ

（千葉県　大久保愛理　小六）

春（生活）

なんといっても俳句リズムが整っていて読んでいて気持ち良くなれます。そして、なかなか上がらない凧への気持ちを押さえて表現したところに面白さが出ました。「凧」は正月ではなく「春」の季語です。

（星野）

風船《ふうせん》

紙風船《かみふうせん》　ゴム風船《ふうせん》

ゴム風船も紙風船も、いろどりがとってもあざやかで、ふわふわと軽く、春らしい感じがします。風船に空気を入れるときは、たっぷり息を吸って、ぷうっと吹きこみます。突いて遊ぶと、思わぬほうへ飛んでいったりして面白いですね。

妹は風船に絵をかいている

（高知県　山本周平　小三）

しゃぼん玉《だま》

石鹸水《せっけんすい》をストローなどの先につけ、反対側から吹くと、しゃぼん玉ができます。七色にきらきらとかがやきながら、しばらく風に流され、ぱちんと割れてしまいます。童謡に「屋根まで飛んで壊れて消えた」とありますが、さて、どこまで飛んでいくのでしょうか。

春 （生活）

お母さんいつもわらってしゃぼんだま　（東京都　茂木彩伽　小六）

しゃぼん玉吹く子の願いつまってる　（茨城県　堀田伸子　教諭）

砂の上はじけて消えたしゃぼん玉　（鳥取県　横井希代子　教諭）

しばらくは校塔巡るしゃぼん玉　（茨城県　為我井節　教諭）

ぶらんこ　ふらここ

校庭や公園に一年中ある遊具ですが、むかしの中国で、春にぶらんこのようなものに乗って遊ぶ行事があったので、春の季語になっています。こいでいると、春風を感じますね。大人が乗っているぶらんこや、人が乗っていないぶらんこもまた、心ひかれるものです。

ぶらんこにひとつさみしいせなかかな　（宮崎県　東口陽子　中三）

ぶらんこをこげよその気が晴れるまで

（青森県　田村圭章　高二）

行事

春祭《はるまつり》

春に行われる祭のことです。春は農業のはじまる季節。種をまいたり、苗木を植えたりします。むかしから「今年もたくさん米や農作物がとれますように」という祈りをこめて、各地で行われています。みなさんの地域では、どんな春祭がありますか。

春祭りいろんな音につつまれる

（岐阜県　大井手眞子　小四）

動物

蛙《かえる》 かわず

昼蛙《ひるかわず》 夕蛙《ゆうかわず》 遠蛙《とおかわず》

春になると、冬眠から覚めた蛙が、地上に出てきて鳴きはじめます。田んぼや池にも見られますが、アスファルトの舗道にもよくのそのそと歩いていています。昼に鳴く蛙を「昼蛙」、夕方に鳴くのを「夕蛙」といいます。

ばあちゃんちまくらのそばでかえるなく
（愛媛県　矢野颯太郎　小二）

自転車に手を振る別れ夕蛙
（島根県　柏谷泉　高三）

雲雀《ひばり》

揚雲雀《あげひばり》 雲雀野《ひばりの》

春を代表する鳥です。草原や河原などに巣をつくります。雀《すずめ》よりひとまわり大きく、茶色で、すこし姿は地味ですが、とてもうつくしい声で鳴きます。巣から飛び立つと、鳴きながら空へまっすぐ舞いあがります。その様子を「揚雲雀」といいます。

揚雲雀〇対〇の草野球　（青森県　宮内香宝　教諭）

燕《つばめ》
つばくろ
つばくらめ
燕来る《つばめくる》

春になると、南のほうから海を渡って日本に飛んできます。青空にさっとひるがえる、黒くてシャープな姿を見つけると、今年も春が来たのだと嬉《うれ》しくなります。家の軒先などに巣をつくり、子育てをします。秋になると、寒さを避けて、また南へ帰っていきます。

つばくらめ尾が青空を切り取って　（山梨県　吉田桜　高三）

鳥雲《とりくも》に入《い》る
鳥雲《とりくも》に
鳥帰《とりかえ》る

燕など、春になると南から日本にやってくる鳥もいれば、冬のあいだは日本で過ごして、春になると北のほうへ帰っていく鳥もいます。雁《かり》、白鳥、鶴などがそうです。北へ帰る鳥たちが、空高く飛んで、雲間へ消えてゆく様子を、むかしの人は「鳥雲に入る」と表現しました。

鳥雲に入りて物理の追試あり　（茨城県　北嶋訓子　高二）

春（動物）

雀《すずめ》の子《こ》

子雀《こすずめ》
黄雀《きすずめ》

雀は、春の終わりごろに卵を産みます。十日ほどで卵がかえって、ひながが生まれ、二週間ほどで巣立ちをします。ひなのあいだは、くちばしが黄色いので「黄雀」ともいいます。小さい体で、がんばって飛んだり餌《えさ》をつついたりしている姿は、かわいらしいですね。

憧れの青空に発つ雀の子

（大分県　新名彩香　中二）

まだ見たこともない未来へ対する思いがうまく伝わってきます。力強い一句です。（星野）

雀のひなにとって、これから飛び立とうとしている空は「憧れの青空」でしょう。きっと作者にも「憧れの青空」があって、やがて巣立ってゆくことでしょう。（石田）

雪虫《ゆきむし》

北国で早春二月ごろに雪の上に現れ、動きまわる虫のことを「雪虫」といいます。カワゲラ、ユスリカなどが羽化したものです。

雪虫をそっとつつんで願いごと　（東京都　増田亮平　小五）

蝶《ちょう》

蝶々《ちょうちょう》　初蝶《はっちょう》
紋白蝶《もんしろちょう》　紋黄蝶《もんきちょう》
しじみ蝶《ちょう》

日本で見られる蝶は二百五十種類くらいです。春になってはじめて見つけた蝶を「初蝶」といいます。春先にまず、紋白蝶や紋黄蝶が舞いはじめます。蝶の飛び方を見ていると、夢の世界へ誘われるような、不思議な気持ちになります。揚羽蝶など大きな蝶は夏の季語です。

窓の外ちょうが気になる五時間目　（青森県　原あかり　小六）

蝶を追う心は今も変わらない　（沖縄県　伊良部菜央　中三）

沖縄の蝶々はきっと美しい色をしているのがわかります。小さかった頃、一生懸命に蝶を追った日を思い出している作者。よく十七音にまとめられました。（星野）

自由に飛び回る蝶。その蝶を追いかけたいという気持ちは、夢を追い求める気持ちと似ているかもしれません。夢と希望を持っている心は、大きくなってもきっと変わ

らない。そんなふうに強く思った気持ちが感じられました。（石田）

蜂《はち》

蜜蜂《みつばち》　熊蜂《くまばち》
足長蜂《あしながばち》　女王蜂《じょおうばち》
働き蜂《はたらきばち》　蜂《はち》の巣《す》

二対の羽で、ビューンと飛びます。お尻に毒針を持っていて、敵や獲物を刺します。人間も、敵とみなされて、刺されてしまうことがありますね。小さくてかわいい蜜蜂、大きくてずんぐりとした熊蜂、ぶらんと足を下げた足長蜂などの種類があります。

蜂が来る最近知った恐ろしさ

（兵庫県　大西将　小六）

植物

桜《さくら》

花《はな》　花《はな》びら
初桜《はつざくら》　桜吹雪《さくらふぶき》
花吹雪《はなふぶき》　花筏《はないかだ》
朝桜《あさざくら》　夕桜《ゆうざくら》
夜桜《よざくら》　桜前線《さくらぜんせん》
花見《はなみ》　八重桜《やえざくら》

日本を代表する花です。ですから、「花」とだけ書いても、俳句では桜のことを指します。日本人はむかしから、桜を愛してきました。咲くのは待ち遠しく、花の盛りは美しく、散ってしまうときには、なんともいえずさみしい気持ちになります。
その年になってはじめて咲いた桜を「初桜」といいます。たった一輪でも、見つけると嬉《うれ》しくなりますね。「桜吹雪」「花吹雪」は、いっせいに散る桜の花びらを、雪にたとえた言葉です。水の上に浮いて集まっている花びらのことを、いかだにたとえて「花筏《はないかだ》」ともいいます。「朝桜」は朝に、「夕桜」は夕方に、「夜桜」は夜に見る桜です。中でも夜桜は、昼間と違って見え、少し怖くもあります。桜の下で集まって飲んだり食べたりする「花見」も季語です。桜は、たくさんの表情を見せてくれます。

さくらちるひとつひとつがうつくしい
（兵庫県　大西真莉奈　小五）

暗闇に桜吹雪の声がする
（山形県　佐藤紋　小六）

春（植物）

校門で友達を待つはなふぶき　（千葉県　澤田かすみ　中一）

桜咲き日本中が新学期　（東京都　多賀智章　中二）

桜散り水辺に映る金閣寺　（茨城県　栗原真実　中三）

新しい出会いと共に桜咲く　（埼玉県　深見莉緒　中三）

さくら散りかばんの中を整理する　（埼玉県　山内理実　中三）

満開の桜の下に君がいる　（青森県　山端郁　高三）

人々の隙間より見る桜かな　（三重県　伊藤凜　高二）

思春期といふ（う）門のあり初桜　（東京都　河野薫　教諭）

思いのせ桜前線東北へ　（佐賀県　佐藤孝志　教諭）

この作者は佐賀県の先生です。九州ではもう桜が咲いている。そして桜前線は、このあと北上してやがて東北地方に向かう。そこで作者は、被災地の人々を励ましてあげたいという自身の思いを、「桜前線」に託しているのです。（仁平）

つつじ　山《やま》つつじ

庭や公園などいろいろな場所で見かける、なじみ深い花ですね。種類も多く、ピンクや白、真紅や薄紫など、花の色もさまざまです。つつじが咲くのは春の終わりで、このころになると、日中は汗ばむほどの陽気になります。春も深まってきたことを教えてくれる花です。

つつじ咲く女ばかりの部活動　（愛知県　岡田知美　中三）

林檎《りんご》の花《はな》

花林檎《はなりんご》

北海道、青森、山形、福島、長野など、東北を中心に見られます。林檎は、ある程度寒いところでないと育たないのです。四〜五月ごろ、林檎の木は花をつけます。五弁の花は、つぼみのときは紅色ですが、ひらくと真っ白に見えます。おいしい実がなりますように。

故郷へ林檎の花を見に帰る

（青森県　藤原なおみ　高一）

菜《な》の花《はな》

花菜《はなな》
油菜《あぶらな》
花菜《はなな》風《かぜ》

春の野原や畑をいろどる、明るい黄色の花です。十字の花が、茎の先にたくさんつきます。むかしから、種から菜種油を採るために栽培されていました。一面の菜の花を見ていると、どこかなつかしい気持ちになってきます。

菜の花ののびゆく方に青い空

（群馬県　相原格人　中三）

菜の花はいろんな空を知っている

（宮城県　堀井一恵　高三）

言われてみて気がつくというのが俳句の良さだと思います。特に菜の花だからこそ、

春の表情が感じられるのです。作者と菜の花が同じ気持ちになって出来た、素晴らしい一句。（星野）

「いろんな空」とは、晴れ、曇り、雨という天候だけでなく、自分が嬉《うれ》しいときや悲しいときの「空」でもあるでしょう。「菜の花」がそれを「知っている」のは、一面の菜の花畑が、空と同じくらい広いからです。その広大な景色が眼に見えてきます。（仁平）

葱坊主《ねぎぼうず》　葱《ねぎ》の花《はな》

「葱」は冬の季語ですが、春になると、真ん中から茎が伸びてきて、小さな花を球状につけます。茎の先に丸いものがついている様子が、くりっとした坊主頭に似ているからでしょうか。この葱の花のことを「葱坊主」といいます。ユーモラスな気分になりますね。

弟にちょっとにているねぎぼうず

（群馬県　茂原萌子　小三）

たんぽぽ

鼓草《つづみぐさ》
たんぽぽの絮《わた》

野原や道端、土手など、あちこちで見られる黄色い花です。花が終わると白い綿毛ができます。風が吹くと、綿毛とともに種が飛び、またどこかで花を咲かせるのです。石のすき間など咲きにくいところにも根を張り、踏まれても負けない、たくましい花です。

タンポポが地割れの横で強く咲く

（千葉県　和田済弘　中二）

たんぽぽや今日も私はここにいる

（山形県　那須博子　教諭）

「たんぽぽ」は学校のそばに咲いているのでしょう。作者はその風景を毎日のように見ながら、自分の位置を確かめているのです。それは生きていることの実感でしょうか。

（仁平）

犬《いぬ》ふぐり

いぬのふぐり

果実の形が、犬のふぐりに似ているので「犬ふぐり」といいます。小さいるり色の花を咲かせ、とってもかわいいのです。道端や野原でしゃがみこんでいる人がいたら、それは犬ふぐりをのぞきこんでいるのかもしれません。

いぬふぐり小さいけれど大家族

（栃木県　鈴木千泰　小四）

「いぬふぐり」は春先に咲く、直径一センチほどの青い小さな花ですが、土手やあぜ道で、一面にひろがって咲いているのを見ると、ほんとに「大家族」です。（石田）

見下ろせば見上げてゐ《（い）》たり犬ふぐり

（青森県　宮内香宝　教諭）

ふきのとう

蕗《ふき》の芽《め》
蕗《ふき》の花《はな》

春のはじめのまだ寒いころ、ほかの植物にさきがけて、土の中から顔を出します。積もった雪の間に、ふきのとうの明るい緑を見つけたりすると、春が来たなあと嬉しくなります。ほろ苦い大人の味で、天ぷらにしたり、味噌《みそ》と混ぜたりして食べます。

ふきのとうみそとあえると母の味

（群馬県　櫻井眞　小六）

夏の句

夏《なつ》

炎帝《えんてい》
朱夏《しゅか》

立夏（五月六日ごろ）から立秋（八月八日ごろ）の前日までが、夏です。夏といえば、夏休み。今年はどんな夏になるのか、想像するとわくわくしますね。暑くて日差しが強いのはちょっと大変ですが、涼しく過ごす工夫をして、しっかり乗り切りましょう。

意味もなく吹いた口笛夏の午後

（埼玉県　和泉沙也加　中二）

頑張ったそう思わせる夏の靴

（埼玉県　田中結衣　中二）

負けた子の震える肩で夏終わる

（愛知県　伊藤みづゑ　教諭）

夏（時候）

初夏《しょか》 初夏《はつなつ》

はつなつ
夏初《なつはじ》め

夏という季節を三つに分けたときの、はじめの一か月です。五月ごろ、梅雨に入るまえの、新緑のうつくしい季節ですね。すがすがしく、深呼吸をするととても気持ちがよいですね。

窓あけて深く吸い込む初夏の風　（秋田県　武田千波　中三）

終電に置きざりの本初夏の星　（青森県　川村由紀　高三）

初夏や階段を一段飛ばす　（青森県　野月寛紀　高三）

五線譜にシャープが三つ初夏の風　（東京都　金井麻衣子　教諭）

立夏《りっか》

夏《なつ》立《た》つ
夏《なつ》が来《く》る
夏《なつ》めく

五月六日ごろが立夏です。ゴールデンウィークの終わりごろですね。春が終わり、夏がはじまる日です。からっと晴れた空や真っ白な雲、吹いてくる風の力強さに、夏を感じるようになります。また、いろいろなものが夏らしくなってくる様子を「夏めく」といいます。

はじけなきゃ17才の夏が来る

（青森県　杉浦明里　高三）

夏めくや海へつながる屋根の波

（愛知県　鴨下加奈子　高二）

麦《むぎ》の秋《あき》

麦秋《ばくしゅう》
麦刈《むぎか》り

麦の穂は、五月から六月にかけて実りの季節をむかえます。この時期を「麦の秋」といいます。麦畑が黄金色に輝くさまは、とてもうつくしいです。成熟した麦を刈りとる作業を「麦刈り」といいます。

風とおる麦のかりあと音もなく

（福井県　山本さくら　中三）

風が吹くたびにさらさらと音を立てていた麦畑が刈られて今は何もないのですね。刈りあとだけを描いて、それ以前の風景も想像させる奥行きのある句です。（石田）

夏《なつ》の朝《あさ》

夏《なつ》の暁《あかつき》
夏暁《なつあけ》

夏は、一年でいちばん、昼が長く、夜が短い季節です。だから、ほかの季節よりも早い時間から夜が明けます。日中は暑いですが、朝はすこしひんやりとしていて、すっきりとした気分になります。早起きをして、ラジオ体操などして、夏の朝を楽しみましょう。

四時半を五時半と思う夏の朝

（岐阜県　藤原菜帆　中二）

夏《なつ》の夜《よ》

短夜《みじかよ》
明《あけ》け易《やす》し

夏の夜は、時間が短いのと、暑くて寝苦しいのとで、すぐに朝になってしまいます。そんな夏の夜を「短夜」といいます。夜が明けやすいので「明け易し」とも。清少納言は随筆『枕草子』で「夏は夜」と書いています。夏は夜がいちばん素晴らしい、という意味です。

筆箱でねむるえんぴつ夏の夜

（東京都　伊藤友梨　小六）

夏（時候）

きっと夏休みの夜かも知れませんね。学校の授業中で一番活躍するのがえんぴつ。せめて夏の夜は、えんぴつもお休みです。（星野）

夏休みの日記を書いたえんぴつかもしれませんね。今ごろは筆箱の中で、えんぴつたちもねむっているんだな。そんな空想がまるでおとぎ話のようで、夏の夜のふんいきと、とてもあっています。（石田）

今日だけは帰りたくない夏の夜（大分県　板井恵里佳　高二）

短夜の洋画に入り込めずゐる（愛媛県　田村梨絵　高三）

短夜や帆船壜を抜け出せず（青森県　宮内香宝　教諭）

短夜や修学旅行あと一日（神奈川県　北郷聖　教諭）

暑《あつ》し

暑《あつ》さ
極暑《ごくしょ》
熱帯夜《ねったいや》

説明のいらない季語ですね。夏になると、本当に暑くなります。汗をかいて、のどがかわき、ぐったりとします。とくに暑い日のことを「極暑」といいます。また、最低気温が二十五度を超える暑い夜を「熱帯夜」といいます。

暑い日は海に向かって走り出す
（沖縄県　古堅翔大　小六）

マリンブルーの海と真白な渚《なぎさ》が目に浮かんでくるようです。「走り出す」としたところに生き生きとした躍動感があります。（石田）

涼《すず》し

朝涼《あさすず》
夕涼《ゆうすず》
涼風《りょうふう》

暑い中で涼しい風が吹くと、気持ちがよくて嬉《うれ》しいですね。あなたはなにに涼しさを感じますか。体で感じる風だけでなく、目にうつるワンピースの白色や、風鈴の音、ガラスのコップや猫の背伸びにも涼しさはあります。自分なりの涼しさを見つけましょう。

涼風にそよぐわたしの長い髪
（東京都　鈴木崇史　中二）

涼しさの光を放つガラスかな　（富山県　沖村知紘　中三）

涼風がそろそろ山を変えるかな　（島根県　谷元拓允　中三）

放課後の少女涼しく駆け出せり　（茨城県　植野康二　教諭）

校了の飴一粒や朝涼し　（愛媛県　櫛部天思　教諭）

波音が遠くに消えて風涼し　（中国　芳賀幸生　教諭）

天文

夏《なつ》の空《そら》

夏空《なつぞら》
夏《なつ》の天《てん》

夏の空は、晴れわたって、ぎらぎらと光っています。強い日差しが降りそそぎ、外出には帽子や日傘が必要なほどです。夏の空には、元気で力強いイメージがあります。

あたらしいじてん車買った夏の空
（愛媛県　役幸一　小二）

校庭がでっかくみえる夏の空
（東京都　信太隼人　小六）

病院の窓から見える夏の空
（青森県　鳴海愛　高一）

夏の空悩みが何も無いみたい
（青森県　樋口美由貴　高三）

夏

（天文）

雲《くも》の峰《みね》

入道雲《にゅうどうぐも》
峰雲《みねぐも》
夏《なつ》の雲《くも》

夏の空に堂々とあらわれる入道雲を、俳句では「雲の峰」と呼びます。雲がまるで、連なる山々の峰のように、そびえたっているように見えるからです。夏のエネルギーを感じます。夏の雲がなんのかたちに似ているかなど、想像をふくらませてみるとおもしろいですね。

きらきらと無数の記憶雲の峰

（愛媛県　池田真紀　高一）

夏《なつ》の風《なぜ》

青嵐《あおあらし》　夏嵐《なつあらし》
薫風《くんぷう》　風薫《かぜかお》る
南風《みなみかぜ》　南風《なんぷう》
青葉風《あおばかぜ》

夏に吹く風には、いくつかの種類があります。「青嵐」「夏嵐」は、青葉のころに吹く、強い風です。「夏の風」ではなく「青嵐」という季語を使うと、木々の緑や空の青さがきわだちます。「薫風」は、初夏のころに、木々の緑の香りをはこぶ、心地よい風です。「風薫る」と、動詞にすることもできます。夏によく吹く「南風」も夏の季語です。いずれも、おおらかでダイナミックな風です。

すれ違う心と心夏嵐

（愛媛県　重松弘樹　高二）

コーヒーは砂糖たっぷり青嵐　（茨城県　羽田美帆　高二）

人見知りする妹に風薫る　（茨城県　木村竜也　高三）

自転車に二人乗りして青嵐　（愛知県　石川裕子　教諭）

青葉風入れて合唱始めけり　（愛知県　大内五子　教諭）

薫風や少年たちの昼休み　（北海道　渡部美香　教諭）

夏《なつ》の雨《あめ》

夏雨《なつさめ》
緑雨《りょくう》

夏に降る雨のことです。夏は、梅雨や夕立など、雨のよく降る季節です。雨が降ると湿気がこもって、ムワッとしますが、夏に雨がしっかり降らないと、米や農作物が育ちません。外で遊べなくて退屈な雨の時間も、俳句に詠《よ》むことで、楽しむことができます。

夏雨や柱時計のねじを巻く

（青森県　市川佳子　高二）

梅雨《つゆ》

五月雨《さみだれ》
梅雨入《つゆい》り
梅雨明《つゆあ》け
梅雨《ばいう》

六月から七月にかけては雨の日が続きます。日本の雨季で、これを梅雨といいます。梅が熟するころの雨なので、「梅雨」と書きます。「五月雨」は梅雨と同じ意味ですが、梅雨がシーズンを指すのに対して、五月雨は雨そのものを指します。梅雨のはじまりを「梅雨入り」、終わりを「梅雨明け」と呼びます。梅雨明けの青空は、たとえようのないほど気持ちのいいものです。

つゆの日の雨の柱がすきとおる

（鳥取県　藤木樹大　小四）

あのうっとうしい梅雨をこんなに美しく一句にしたことに感覚の鋭さを覚えました。きっとじっくり観察したんだと思える素晴らしい出来です。（星野）

梅雨になり小さな池の水たまり（京都府　田中舞　小六）

二階より弟と見る梅雨出水（高知県　里見優太　小六）

ロッカーに帽子が一つ梅雨の空（東京都　平野和由貴　小六）

髪はねて悪戦苦闘梅雨の朝（東京都　藤嶋優梨子　中一）

水たまり梅雨の残した忘れ物（福井県　角方一喜　中三）

五月雨の音を聞きつつ傘選ぶ（宮崎県　岩本葵　中三）

夏（天文）

梅雨あけの名残りを惜しむ水たまり　（沖縄県　伊志嶺貴実日　中三）

水たまりを見て梅雨明けを思っているのに鋭い感性を見ることが出来ました。沖縄の梅雨明けはこのような情景がたくさんあるのでしょう。（星野）

長い梅雨が終わるときは、みんな嬉《うれ》しいものです。ところが、水たまりだけは、梅雨の名残《なご》りを惜しんでいるように見えたのかもしれません。青空を映した水たまりがぽっかりと見開いた瞳のように見えます。これから先、強い日差しが続くので、雨が恋しくなるかもしれません。（石田）

病室の枕の匂い梅雨の夜　（青森県　吹越優妃　高一）

梅雨の夜音につつまれよく眠る　（青森県　加藤由　高三）

梅雨入りや無限数列解けぬまま　（愛媛県　二宮理歌　高三）

五月雨や言葉交わさぬ反抗期　（愛知県　桑子美裕　高二）

梅雨寒の地球儀の青まわしけり　（茨城県　伊師寿子　教諭）

梅雨の傘たたみて秘佛拝みけり　（東京都　加藤径子　教諭）

並べ干す児童の数の梅雨の傘　（三重県　尾崎亥之生　教諭）

梅雨晴《つゆば》れ

五月晴《さつきば》れ
空梅雨《からつゆ》

梅雨のあいだの晴れ間のことです。厚く重たい雲のすきまから青空がのぞき、つかのまの日差しが降りそそぎます。数時間のこともあれば、一～二日晴れることもあります。これは「五月晴れ」ともいいます。ちなみに、あまり雨が降らない梅雨を「空梅雨《からつゆ》」といいます。

黒板が見えないほどの五月晴れ　（宮城県　穴澤佳奈　中三）

夏（天文）

夕立《ゆうだち》

夕立《ゆだち》
夕立雲《ゆだちぐも》

夏の夕方に降るにわか雨です。少し前まで晴れていたのに、みるみる空がくもり、いきなりざあっと降ってきて、短時間であがります。傘を用意していなくて、困ることもありますね。夕立のあがったあとは、からりと晴れて、涼しさも感じられます。

夕立が今日を洗ってまた明日　（山口県　金井文佳　高一）

夕立のにおいを嗅ぐと眠くなる　（群馬県　金子絛太　高二）

夕立や畑の草が直立す　（青森県　高岡潤　高二）

夕立は夏の季語（季題）で季節感がかなり感じられます。すぐに止《や》むのでしょうがこの句は一瞬をうまく描いています。思いきった表現がよし。（星野）

夏の暑さに負けて、畑の草がぐったりとしている。そこに夕立が降ってきて、草は元気を取り戻したのです。それを「直立」という言葉で表現した（チョクリッという

音がいい)。きっと作者も、「畑の草」につられて元気になったはずです。(仁平)

夕立に追いつかれても走る子ら

(沖縄県　吉永愛実　教諭)

虹《にじ》

朝虹《あさにじ》　夕虹《ゆうにじ》
二重虹《ふたえにじ》
虹《にじ》の橋《はし》

夕立などの雨あがりに空にみられる、七色の光の弧《こ》です。ほかの季節に比べて、夏にもっともよく見られます。すぐ消えてしまうので、見つけたときは嬉《うれ》しく、消えてしまったときにはさみしい気持ちになります。二重の虹は「二重虹」とか「虹二重」といいます。

虹が出て雨もいいなと独り言

(山形県　近藤美咲　小六)

雷《かみなり》

いかずち
落雷《らくらい》

育った積乱雲から、電気が放たれる自然現象です。いつの季節にも起こりますが、とくに夏に起きやすいので、夏の季語になっています。落雷のせいで、停電したり火災が起きたりするので、怖い存在ですが、窓ガラス越しに見る一瞬の光は、うつくしくもあります。

宿題は落雷前に済ませけり　（山梨県　大塚幸奈　高一）

落雷で停電になった。でも、その前に宿題は済ませていた。それはたまたまなのだけれど（いつもはもっと遅くやる）、なんだか予知能力があったようで嬉《うれ》しく、得した気分もしている。そんな作者の得意そうな顔が見えてきそうな一句です。（仁平）

夕焼《ゆうやけ》

夕焼《ゆやけ》
夕焼雲《ゆやけぐも》
夕焼空《ゆうやけぞら》

夕方になって、太陽が沈むとき、空が赤く染まる現象です。夏の夕焼がいちばんうつくしく壮大なので、夏の季語になっています。空が夕焼に染まると、家に帰る時間です。だからでしょうか、どことなくさみしい印象があります。

夕焼けを見て感動をしています　（秋田県　佐々木修平　中二）

夕焼けを見つけて急に走り出す　（山口県　西村勇人　中三）

夕焼けがお疲れさまと語りけり　（茨城県　兵藤大地　中三）

告白といふ（う）夕焼けの遺失物　（栃木県　星野恵子　教諭）

夕やけをメールでおくる帰り道　（茨城県　荒川かつ子　教諭）

地理

夏《なつ》の山《やま》

夏山《なつやま》
山滴《やましたた》る

夏の山は、緑にあふれています。生命力に満ちていて、とてもエネルギッシュです。昔の中国の画家のことばの一節「夏山蒼翠《かざんそうすい》として滴るが如し」から、夏山のことを「山滴る」ともいいます。みずみずしい緑が、まるで滴っているようだという意味です。

薪割りの匂い広がる夏の山　（青森県　相馬桃子　高二）

「匂い」に目をつけたところが新鮮です。薪が割られるたびにその匂いが生まれ、それがあたり一面にひろがっていく場面に、いかにも夏らしい季節感が出ています。

（仁平）

植田《うえた》

田植《たう》え

稲の苗を植え終えた田んぼのことです。稲を植えることを田植えといい、五月から六月にかけて行われます。苗は列をなして整然と植えられます。植田の苗はまだ小さく、田の水面には空も映ります。

どろどろのどろとなかよく田植えする

（岩手県　伊藤大輝　小四）

「どろどろのどろ」がおもしろいですね。手も足も服も、顔もどろどろ。でも気分はすがすがしい。この句には、自然からの恵みへの感謝もこもっているような気がします。

（石田）

ともだちもどろんこだらけ田を植える

（茨城県　石橋裕喜　小六）

鎌を研ぐ砥石の匂ひ（い）植田風

（高知県　徳永逸夫　教諭）

青田《あおた》

青田風《あおたかぜ》
青田波《あおたなみ》

田植えをしてから一か月ほどすると、根づいた苗が育って水面が見えなくなり、田んぼ全体が青々と見えるようになります。これを、青田といいます。青田を吹きわたる風を「青田風」と呼びます。また、風に吹かれた青田が波立つように見えるのを「青田波」といいます。

青田には境も見えず祭笛

（茨城県　横田尚子　教諭）

地球村大字日本青田風

（愛媛県　村下満　教諭）

滝《たき》

瀑布《ばくふ》
滝《たき》しぶき
滝壺《たきつぼ》

山の岩場や絶壁から落ちてくる水のことです。大きな滝は立派で圧倒されますし、山道で出合う小さな滝には、たまたま見つけた嬉《うれ》しさがあります。滝の近くに立つと涼しいですが、滝しぶきが飛んでくることもあります。

山の道疲れた時に滝の音

（茨城県　鈴木智則　中三）

誰にでもある体験の中から作者はこの場面を俳句にしました。これが感性なのです。滝の音の安らぎは老若男女問わず、共感できるに違いありません。

（星野）

生活

夏休《なつやす》み

地域によって異なりますが、七月二十日ごろから八月末を夏休みにする学校が多いですね。一年でいちばん長い休みなので、遠くへ出かけたり、ふるさとへ帰ったりして過ごします。誰と、どこで、どんな夏休みを過ごすか想像するだけで楽しいですね。

夏休み明けたらやるぞせいくらべ

（茨城県　本間純平　小五）

いもうとのめんどうをみたなつやすみ

（兵庫県　池上司　小六）

今、忘れかけている家族愛を教えられたような一句。「いもうと」との関係が一生の絆《きずな》になるでしょう。（星野）

サッカーの試合で終わる夏休み
（栃木県　関口健人　小六）

この作者はきっと、夏休みのほとんどをサッカーの練習に費やしたのでしょう。もしかすると、試合は負けたのかもしれません。でも今年の夏休みに悔いはないのです。事実だけを詠んだようにみえる一句から、作者のそうした思いが伝わってきます。（仁平）

なつやすみさいごのよるはねむれない
（東京都　神田夏海　小六）

夏休み始まる時が楽しみだ
（茨城県　清水駿　小六）

宿題の海におぼれた夏休み
（大阪府　山元こなつ　中一）

夏（生活）

初日から兄弟げんか夏休み　（愛媛県　濱田洋輔　教諭）

更衣《ころもがえ》
夏服《なつふく》　夏物《なつもの》
白服《しろふく》　半《はん》ズボン
ショートパンツ

季節の変わり目に、気候にあわせて衣服をかえることです。俳句の世界では、冬から春の間に着ていたものを、夏用にかえることをいいます。たんすの中の長そでやニットを片づけ、半袖のシャツや軽いスカートを出すと、夏が来たことを実感しますね。

更衣新しい道探し出す　（埼玉県　萩尾祐斗　中三）

更衣風に勢ひ《い》ありにけり　（茨城県　湯本康二　教諭）

更衣ということで、今日から夏物のスーツに替えたのですが、昨日までとは違って、風が強く感じられるのです。夏物はちょっと早過ぎたかな、と思いながらも、その風から「勢ひ」をもらって夏を乗り切ろう、といったところでしょうか。　（仁平）

夏服に光集めて子の走る

（愛知県　小穴光俊　教諭）

浴衣《ゆかた》

藍浴衣《あいゆかた》
貸浴衣《かしゆかた》
宿浴衣《やどゆかた》

木綿でつくられた、単衣《ひとえ》の着物です。裏地をつけていないため、着心地が涼しいのです。江戸時代には、お風呂あがりに着ていたのですが、最近では、花火見物やお祭に着ていくことが多いですね。生地には朝顔や桔梗《ききょう》など、涼しさを感じる花の柄が染められることもあります。

ゆかた着る歩きにくさとうれしさと

（千葉県　今関璃乃　小五）

ゆかた着てきれいな星を見上げてる

（鳥取県　平尾愛理奈　小六）

夏の夜空の星の美しさを表現しているのですが、「ゆかた」の季題（季語）がどこかのんびりしていて良いですね。

（星野）

夏の夜、汗を流して、さっぱりとしてゆかたを着て外に出ると、もう星が出ていました。この句を読むと、まるで自分がそこにいるような気持ちになります。

（石田）

夏（生活）

ゆかた着て今年は誰と歩こうか

（富山県　吉田亜矢　高二）

浴衣着て気持ちも締まる帯の音

（長野県　丸山紗奈江　高二）

水着《みずぎ》

海水着《かいすいぎ》
海水帽《かいすいぼう》

海やプールなどで泳ぐときに着る服です。毎年、流行の色や形が話題になります。ぎらぎら照りつける太陽の下《もと》、カラフルな水着が夏にいろどりを添えます。学校の授業で着るスクール水着と、夏休みに遊びに行くときに着る水着と、また違った雰囲気が出ますね。

大好きな去年の水着小さくて

（青森県　盛田彩佳　小五）

サングラス

夏は、とくに紫外線が強くなる季節です。その紫外線の刺激から目を守るためにかけるのが、サングラスです。今では、ファッションとして、室内でもかけられるようになりました。サングラスをかけると、ちょっと大人になった気分になります。

先生とよばれてをりぬサングラス
（愛媛県　櫛部天思　教諭）

ソーダ水《すい》

ラムネ
サイダー

ソーダ水は、泡がはじける、いかにも夏らしい飲み物で、爽快感があります。ラムネは、ソーダ水と同じ炭酸飲料ですが、くびのくぼみにガラス玉の入っている、ビンに入っています。飲み終わったあとは、思わず「プハーッ」と言いたくなります。

ソーダ水模範解答なんてない
（愛媛県　河合浩二　高三）

かき氷《ごおり》

氷水《こおりみず》　夏氷《なつごおり》
氷《こおり》あずき
氷《こおり》いちご

削った氷に、シロップをかけたり、小豆や白玉を乗せたりした甘味です。夜店などでよく見かけますね。イチゴ、メロン、レモン、ブルーハワイなど、たくさんの種類があり、色彩ゆたかです。食べると、暑さでぼうっとした頭をしゃきっとしてくれます。

太陽に投げてやりたいこの氷
（沖縄県　友利優美　中三）

夏（生活）

先生の字の間違いや氷水　（愛媛県　脇本愛美　高三）

あと一つこれを解いたらかき氷　（青森県　田中総子　高三）

この子らと生きる喜びかき氷　（鹿児島県　米森初代　教諭）

作者は小学校の先生で、児童と一緒に「かき氷」を食べているのですが、嬉《うれ》しそうにはしゃぐ子どもたちに、作者は「生きる喜び」を感じています。もちろん先生のおごり。でも、自分のほうが得した気になっています。（仁平）

噴水《ふんすい》

噴上《ふきあ》げ

公園や庭園などでよく見かける水を噴き上げる装置のことです。見るからに涼しげですね。噴水は、待ち合わせ場所にも使われます。よく目立つからでしょうか、それとも、噴水のそばは涼しいからでしょうか。

噴水や偏差値なんて小さきこと

（茨城県　安生美穂　高三）

団扇《うちわ》

扇《おうぎ》
古団扇《ふるうちわ》

暑い夏には欠かせないものです。自力でパタパタと動かし、風を生み出します。似たようなものに「扇」がありますが、こちらは折りたためるため、持ち運びに適しています。団扇は、家でくつろぐときに使う、ふだんづかいの道具なのです。

裏表性格ちがううちわかな

（中国　村田絢　中一）

うちわの裏と表で描いてあるものがちがうのでしょうね。それを「性格ちがう」と表現したことで、まるでうちわが人のように思えてきます。ユーモラスな作品です。

（石田）

夏（生活）

扇風機《せんぷうき》

冷房《れいぼう》
クーラー

電力をつかって、風を起こす道具です。数枚の羽がいきおいよくまわることで、風が生み出されます。風自体はなまぬるいですが、自然の風に近い涼しさを感じることができます。

扇風機まわる方へと顔運ぶ

（千葉県　緑川葵　小四）

風鈴《ふうりん》

風鈴売《ふうりんうり》

軒下につるすと、風を受けて、チリンチリンと涼しげな音を立てます。鉄やガラス、陶器など、素材も形もいろいろなので、音にも違いがあります。あなたの出合った風鈴はどんな音がしましたか。しっかり聞いて、表現してみましょう。

風鈴の向こうに海のまるさかな

（茨城県　山内佳織　高二）

日傘《ひがさ》

白日傘《しろひがさ》
黒日傘《くろひがさ》
絵日傘《えひがさ》

強い日差しや紫外線を避けるためにさす傘です。白地のものを「白日傘」といいます。見た目も涼やかですね。「黒日傘」は黒地の日傘。絵や模様のある日傘を「絵日傘」といいます。暑さのためにさすのですが、ファッションとしても楽しまれています。

原宿の日傘で埋まる歩道かな

（東京都　千葉匠　中一）

鮎釣《あゆつ》り

岩魚釣《いわなつ》り

鮎や岩魚などの川魚を釣ることは、ふだんは禁止になっていますが、夏になると、釣ってもいいという許可がでます。すると、釣りの好きなひとたちが、川でいっせいに釣りをはじめます。鮎はあごが出ていて、岩魚は端正な顔をしています。

アルプスへ少し近づく岩魚釣り

（岐阜県　野田晶子　教諭）

アルプスの山々が見える渓谷で、岩魚釣りをしている。それで上流にのぼってきたのでしょうか。それを「アルプスへ少し近づく」と表現してみたのです。ずいぶん大

夏（生活）

げさですが、自然と一体化していくような思いがそこに出ています。（仁平）

船遊《ふなあそ》び

納涼《のうりょう》
舟涼《ふなすず》み

夏は暑いので、ひとは水辺や高台、木かげなどの涼しいところを求めます。これを「納涼」といいます。海や川、湖に船を出して納涼することを、船遊びといいます。「舟涼み」ということもあります。「ボート」「ヨット」は船遊びにはふくまれませんが、夏の季語です。

洞窟を拍手で抜けて舟遊び　（千葉県　宮崎久紀　教諭）

プール

プールサイド
プール開《びら》き
海水浴《かいすいよく》　泳《およ》ぎ

夏になると、プールで泳げるようになります。水に入ると暑さも吹き飛んで、気持ちがいいものです。「泳ぎ」「泳ぐ」も季語、クロールや平泳ぎ、バタフライ、背泳ぎなどの泳ぎ方も季語です。自由に作ってみましょう。ちなみに、海に行って泳ぐのは「海水浴」といいます。

学校のプールの色は海の色　（東京都　野上舞奈　小四）

都会の子の俳句だが、プールの色がまるで海の色だと思ったところに新しい発見が

あった。泳ぐのもきっと気持ちよさそうである。（星野）

学校のプールの内側は、たいてい水色に塗られていますね。水に空が映って、ますます青く見えるのかもしれません。「プールの色は海の色」と「色」ということばをくり返して、まるで歌のような詩的なしらべになりました。プールに入るときの、胸のときめきを思い出す句です。（石田）

はじめてのプールはちょっと冷たいな　（千葉県　石渡ユリ香　小六）

弟の乳歯が抜けたプールサイド　（埼玉県　高本真伍　中一）

学校からプール開きの水の音　（宮崎県　塚本夏美　中二）

四肢長くプール開きに整列す　（東京都　山本新　教諭）

夏（生活）

花火《はなび》

打《う》ち上《あ》げ花火《はなび》
揚花火《あげはなび》
手花火《てはなび》
線香花火《せんこうはなび》

打ち上げ花火（揚花火）と手花火があります。打ち上げ花火は、各地の花火大会などで見られます。まっくらな夜空に、いろとりどりの大輪の花を咲かせるさまは見事です。手花火は、家族や友人と、庭などで楽しみます。しかし、どちらもすぐに消えてしまうはかなさがあります。

思ひ（い）でが生まれてきえる花火かな　（茨城県　石川龍太郎　中三）

げたの音花火の音と混じり合う　（愛媛県　尾崎夏奈　高二）

廃校の屋根を流れる花火かな　（愛媛県　萩森潤　教諭）

水遊《みずあそ》び

水鉄砲《みずでっぽう》

川や海辺、庭先などで水を使って遊ぶことを、水遊びといいます。庭先では、ビニールプールや水鉄砲をつかって遊びます。とくに「水鉄砲」は、水とはいえ「鉄砲」ですから、相手を狙ったり狙われたりというスリルを感じる季語です。

太陽に水鉄砲でけんかうる　（千葉県　今田航平　中二）

この作品は素直によまれていて納得。これだけ思い切って言えるのも短い俳句だからと思う。太陽に向かっても届くはずはないのであるが元気の出てくるところが面白い。（星野）

空に向かって水鉄砲をうってみたのですね。太陽にけんかをうるとは、スケールが大きくて、しかもすっきりとした表現です。眩《まぶ》しすぎる真夏の太陽、そして日ざかりの暑さが感じられました。真っ黒に日焼けして、元気いっぱいに夏を過ごす作者も、見えてくるようです。（石田）

昆虫採集《こんちゅうさいしゅう》
虫捕り網《むしとりあみ》
捕虫網《ほちゅうもう》

夏は、蟬《せみ》や蝶《ちょう》、とんぼやかぶと虫など、昆虫がたくさんあらわれる季節です。みなさんも、夏休みに、虫捕り網をもって昆虫採集に出かけたことがありますか。網の中でもがく昆虫はかわいそうですが、つかまえたときの喜びはひとしおです。

夏（生活）

虫かごを首にぶらさげ父さんと

（沖縄県　玉那覇真歩　中三）

草笛《くさぶえ》

草矢《くさや》
麦笛《むぎぶえ》

草の葉を摘んで、くちびるにあてて吹くと、するどい音が鳴ります。これが、草笛です。草矢は、草を矢のようにして打つのです。芒《すすき》や葦《あし》、茅《かや》などの葉を裂いて指に挟み、飛ばします。道ばたの草でも、こんなふうに楽しむことができるんですね。

草矢打つ二十メートル目標だ

（鳥取県　白間大志　小五）

草笛のなかなか鳴らぬひとりっ子

（愛媛県　藤田敦子　教諭）

こどもの日《ひ》

鯉幟《こいのぼり》
端午《たんご》

五月五日、端午の節句です。鯉のぼりを立てたり、武者人形を飾ったりして、男の子の成長を願います。この端午の節句をふまえて、国民の祝日「こどもの日」が制定されました。

こいのぼり風がまったくありません
（千葉県　石渡祐太　小三）

子どもの日何も買わずに普通の日
（鳥取県　福本貴　小六）

鯉のぼりいつかは空をとべるかな
（山梨県　並木聡一郎　小六）

こいのぼり中をのぞくとからっぽだ
（千葉県　渡辺力哉　小四）

空高く誇りも高く鯉のぼり
（福井県　田中佑弥　中三）

鯉のぼりいつもみんなを眺めてる
（宮崎県　福岡直樹　中三）

一瞬で風に恋する鯉のぼり
（福井県　加藤美奈恵　中三）

見上げれば青空一つ鯉のぼり
（青森県　村岡唯香　高一）

私より屋根より高い鯉のぼり
（青森県　唯野優　高三）

鯉のぼり屋根より高いはずなのに
（東京都　水野あゆこ　教諭）

母《はは》の日《ひ》
カーネーション

五月の第二日曜日に、お母さんに「ありがとう」という気持ちを伝える日です。あるアメリカ人が、亡くなった母のために、白いカーネーションを配ったことから始まりました。今でも、母の日には、感謝の気持ちをこめて、カーネーションをあげますね。

母の日はいつもエプロンあげるんだ
（山形県　佐藤匠　小三）

カーネーションやさしい人によく似あう
（千葉県　井岡日菜子　小六）

母の日に花束ひとつ置いて出る
（宮崎県　西口さやか　中二）

母の日の花束と言ったらカーネーションです。本来なら母に直接渡したいところですが、お互いの都合でその花束を家に置いて出掛けたのでしょう。しかし、それも母への愛情の濃さが滲《にじ》み出ていると思います。
（星野）

夏
（行事）

母の日にないしょで買ったプレゼント　（福井県　野口奈津美　中三）

母の日は私が主婦になるからね　（福井県　片谷愛美　中三）

自転車のかごに母へのカーネーション　（福井県　宮本萌子　中三）

父《ちち》の日《ひ》

六月の第三日曜日です。お父さんに「ありがとう」という気持ちを伝える日です。「母の日があるなら、父の日もあるべきだ」という意見によってアメリカでつくられました。

父の日は野球の勝利がプレゼント　（愛知県　山崎壮太　小五）

父の日に手帳にはさむ子の手紙　（愛媛県　松岡収二　教諭）

祭《まつり》

夏祭《なつまつり》　神輿《みこし》
祭《まつ》り太鼓《だいこ》
夜店《よみせ》

どんな季節にも祭はありますが、俳句で祭といえば、夏の季語です。夏に行う祭をひっくるめて、「祭」といいます。山車《だし》をひいたり、神輿をかついだりして神様にお祈りします。また、浴衣を着て、夜店に出かけ、かき氷を食べたり金魚すくいをしたりするのも、祭の楽しさですね。

夏まつりいとこのたいこじょうずだな
（鹿児島県　豊田りさ子　小二）

おみこしの声だんだんと遠くなる
（鹿児島県　岩下沙羅　小四）

大勢の中にまぎれる夏祭り
（愛媛県　冨岡凌平　中一）

いかにもお祭の風景が伝わってきます。俳句は人に伝えてこそのものですから読んでいる方もそこに連れていってくれそうな作品。（星野）

近づくにつれて祭のにぎわいが聞こえてきます。食べ物の匂いや、楽しそうな声。そろいの法被《はっぴ》を着た大人たち、威勢のよいかけ声。大勢の中の一人になる開放的な気分は、なんとなくほっとした気持ちと似ているかもしれません。共感した句です。
（石田）

始まりは祭太鼓の気迫より
（愛媛県　丸本紗華　高一）

口数の少なき帰路や夏祭
（愛媛県　山本隼也　高二）

祭太鼓山に囲まれこだまする
（長野県　奈須智彦　高三）

夏祭り特別な君探しを《お》り
（長野県　片桐健吾　高三）

物干しに法被かけられ祭り後
（鳥取県　奥田尚子　教諭）

桜桃忌《おうとうき》

太宰忌《だざいき》

六月十三日、小説家・太宰治の亡くなった日です。彼の書いた小説「走れメロス」は教科書などで知っているひとも多いのではないでしょうか。人間の弱さを書いた作家でした。最後に書いた小説のタイトル「桜桃」から、忌日は「桜桃忌」とされています。

桜桃忌顔のニキビをなでてみる

（青森県　野田佳那江　高二）

動物

時鳥《ほととぎす》

子規《ほととぎす》

五月ごろ、南のほうから渡ってくる鳥です。夏を告げる鳥ともいわれています。むかしから、春は桜、夏はほととぎす、秋は月、冬は雪ということで、季節の代表として詩歌《しいか》に詠まれてきました。鋭く、迫力のある鳴き声です。

米を研ぐ男に夜のほととぎす

（高知県　徳永逸夫　教諭）

夏（動物）

金魚《きんぎょ》

金魚鉢《きんぎょばち》　和金《わきん》
出目金《でめきん》　熱帯魚《ねったいぎょ》
金魚《きんぎょ》すくい

鉢や水槽に飼い、涼しそうに泳ぐすがたを見て楽しみます。縁日の金魚すくいでなじみぶかいですね。和金や出目金などをはじめさまざまな種類があります。熱帯魚も、季語です。うつくしさ・かわいらしさと、小さな世界のなかに閉じこめられたあわれさを感じますね。

広州のバケツで泳ぐ出目金魚

（中国　池田健人　中一）

すくう手を抜けて金魚の得意顔

（愛知県　和田明莉　中三）

水替えて金魚が水をまぶしがる

（茨城県　山中なつみ　高三）

金魚は夏の季語（季題）でそれ自体がまぶしいのですがこの句は金魚が水をまぶしがっているのです。そこに作者のみの世界が生まれたからこその作品だと思います。よく一句に仕上げました。

（星野）

「陽《ひ》」でなく「水」を「まぶしがる」といったところがおもしろい。金魚鉢のなかに陽が差し込んでいる光が見えてきます。なんとなく、休日の朝日という感じがしますが、新鮮な水にたいする金魚の反応を巧みにとらえています。

（仁平）

水母《くらげ》

海月《くらげ》

透明で寒天のようなからだをもった、海中の生き物です。海の水面にふわふわと浮いていたり、浜に打ち寄せられて白いすがたをさらしていたりします。「水母」と書くとやわらかい印象に、「海月」と書くとうつくしい印象になります。

理科室の片隅に居る海月かな

（茨城県　島田瞳　高二）

毛虫《けむし》

毛虫焼《けむしや》く

蝶《ちょう》や蛾《が》の幼虫です。からだ全体が、針のような毛におおわれています。これに刺されると、腫れてかゆくなります。また、草木に害をもたらすので、焼きころしてしまいます。俳句ではきれいなものだけではなく、ふだんは嫌われものの毛虫も、立派な季語なのです。

毛虫来て井戸端会議盛り上がる

（大阪府　山根瑞季　中二）

夏（動物）

蛍《ほたる》

源氏蛍《げんじぼたる》
平家蛍《へいけぼたる》
蛍火《ほたるび》

初夏の野川や里山では、夜になると、ちかちかと光を放ちながら、蛍が飛びはじめます。うつくしく幻想的なので、むかしから詩歌《しいか》にたくさん詠まれてきました。源氏蛍や平家蛍などの種類があります。源氏蛍は大きく、平家蛍は小さいのです。蛍の光のことを「蛍火」ともいいます。

星空に星座をつくるホタルかな

（千葉県　麻生晴菜　小六）

たくさんの星が見える夏の夜空。そこにホタルが舞い上がり、まるで星座のように並んだのでしょう。ホタルの緑がかった光が、息をするように点滅しています。目をみはってホタルを見上げている作者の上に大きな夜空がひろがってきます。

（石田）

すぐそこに心を照らす蛍いる

（宮崎県　西口ゆりか　中一）

「すぐそこに」に作者の感動が、感じられる作品です。そして、読者にもその感動が共有できます。一瞬の気持ちをしっかりととらえています。

（石田）

留まれる源氏蛍の息を聴く　（宮崎県　中園直子　教諭）

かぶと虫《むし》
鍬形虫《くわがたむし》

夏の虫の王様ですね。オスは立派な角をもっています。五センチくらいで、黒っぽくてつやのある体つきをしています。幼虫はしめった土の中や、朽ちた木の中で育ちます。鍬形虫は、かぶと虫と同じつやつやした体をしていますが、角の形が違っていて、やや小さいです。

竹かごに一夜あずかる兜虫　（沖縄県　竹中一矢　中一）

甲虫今年も家に居候　（宮城県　伊藤史恵　中三）

天道虫《てんとうむし》
てんと虫《むし》

天道虫は、小さな半球のような形をしていて、斑点《はんてん》の模様があります。草や木を這《は》っているのをつかまえて手にのせると、指の先まで登っていきます。指のいちばん上まで行って、これ以上登れなくなると、ぱっと飛び立つ様子はかわいいです。

虫ぎらい例外ひとつ天道虫

（千葉県　平野梨奈　中二）

蟬《せみ》

蟬時雨《せみしぐれ》　油蟬《あぶらぜみ》
みんみん蟬《ぜみ》
熊蟬《くまぜみ》

梅雨が明けると、いっせいに蟬の声が聞こえてきます。蟬は、土の中で七年間も、大人になるのを待ちつづけます。やっと地上に出て羽化をすると、一週間ほどで死んでしまいます。はかない命ですが、その命をせいいっぱいいつかって鳴きつづけます。蟬の声が、まるで時雨のようにはげしいことを「蟬時雨」といいます。油蟬、みんみん蟬、熊蟬などの種類がいて、いずれも季語になっています。

宿題をいそげいそげとせみが鳴く

（兵庫県　菅野愛莉　小四）

せみたちは一週間の音楽家

（京都府　小田新介　小四）

どこか切なく、また可愛い俳句です。せみは一週間くらいで生命を閉じますが、その分一生懸命鳴きます。本当に音楽家みたいです。

（星野）

せみは羽化してから一週間ほどで死んでしまいます。その間、オスのせみはせいいっぱい鳴き続けます。「一週間の音楽家」として生きるのですね。すてきな表現です。（石田）

練習の帰りに聞いた蟬しぐれ　（大分県　河野公則　高二年）

筆を持つ子らの静けさ蟬時雨　（福岡県　城戸安紀子　教諭）

蟻《あり》

蟻《あり》の列《れつ》
蟻《あり》の道《みち》

地面にしゃがみこむと、どこに行っても見つけることができる昆虫です。蝶《ちょう》の羽や芋虫、落としたパンなどの獲物を、力を合わせて、巣に運んでいきます。小さいのに力持ちです。巣からつらなっている蟻たちがつくる長い列を「蟻の列」といいます。

休日や手下げ鞄に登る蟻　（愛媛県　大橋文子　高二）

蜘蛛《くも》

蜘蛛《くも》の巣《す》
蜘蛛《くも》の子《こ》

お尻からねばねばする糸を出して、大きな網を張って巣をつくり、蝶《ちょう》や羽虫など、獲物がかかるのを待ちます。すこし怖いイメージもありますが、蜘蛛も生きるのに必死なのです。初夏に卵ができ、その卵がやぶれると、いっせいに蜘蛛の子がとび出します。

蜘蛛の子と禅問答を始めけり　（茨城県　須藤紘彬　高二）

作者は、蜘蛛の巣の不思議な美しさに魅了されたのでしょう。この「禅問答」は「蜘蛛の子」を相手にしながら、じつは自問自答しているのです。うまく答えられないと、蜘蛛の巣に捕らわれそうで緊張しています。（仁平）

かたつむり

でんでんむし
でで虫
まいまい

でんでんむし、ででむし、まいまいともいいます。やわらかい体が殻を背負っていて、頭には二対《つい》の角があります。長いほうの角の先には目がついていて、つつくと引っこみます。「でんでんむしむし、かたつむり」という童謡があるほど、親しみやすい生き物です。

かたつむりしらないうちにすすんでる
（京都府　西原莉子　小一）

雨の日はいっぱいあそべかたつむり
（千葉県　菊田純平　小三）

かたつむりとっても長い旅に出る
（鳥取県　平尾愛理奈　小五）

かたつむりあんな時間を過ごしたい
（福井県　高井久美子　中三）

藩校の名残の門や蝸牛
（高知県　徳永逸夫　教諭）

植物

葉桜《はざくら》

花《はな》は葉《は》に

ほかの植物は、すでに葉があるところに花が咲きますが、桜は、花が散ると、そこから葉が出はじめます。五月には、うつくしい緑が広がります。葉をいっぱいに広げた桜の木を、葉桜といいます。

葉ざくらの上でかがやく光たち

（岩手県　久保美奈子　小四）

薔薇《ばら》

紅薔薇《べにばら》
白薔薇《しろばら》
薔薇園《ばらえん》

花の女王さまといっていいでしょう。色彩もゆたかで種類も多く、私たちの目を楽しませてくれます。薔薇についている名前も、なかなかユニークです。薔薇をたくさん植えている庭園を「薔薇園」といいます。

ばらの花私のようにトゲがある

（茨城県　丹野博樹　高二）

紫陽花《あじさい》

七変化《しちへんげ》

梅雨のころを代表する花です。小さな花に見えるガクが寄りあつまって、大きな鞠《まり》のようになります。咲きはじめは白ですが、生えている土によって、うつくしい青色になったり、ピンク色になったりします。色が変化するので「七変化」とも呼ばれています。

紫陽花が雨にうたれて輝いた

（神奈川県　関口雄太　中三）

紫陽花のように気持ちがかわりゆく

（宮崎県　宇和亜沙美　中三）

だんだん色が濃くなってゆく紫陽花。その色のように自分の気持ちがしずかに変化してゆくのを、冷静に見つめている句です。（石田）

紫陽花の無口な空となっている

（愛媛県　赤瀬泉希　高一）

紫陽花の咲く頃の空は紫陽花の賑やかさと違って無口。空が無口というのは本当にすごい発見。広くよく見ている作品。（星野）

ふだんの会話なら意味が通じません。紫陽花が咲いていて、無口な自分がいて、空を見上げている。そのときのうまく言葉にできない感情が、五七五のなかで「無口な空」に変身したとき、自分の思いが表現できたように思えたのです。（仁平）

一輪の紫陽花囲み小会議　（愛知県　北方三保子　教諭）

さくらんぼ

桜桃《おうとう》の実《み》
桜桃《おうとう》

一般的に西洋みざくらの実をさします。赤い実が、双子のように軸のところでつながっているのが、とってもかわいいですね。つやがあってうつくしく、味もおいしいので、初夏のくだものとして人気が高いです。赤黄やピンクがかったものもあります。

弟とせのびしてとるさくらんぼ　（愛媛県　矢野颯太郎　小三）

兄としての立場がよくわかります。家族愛の永遠さを思わせる一句。（星野）

酸っぱさを素直に言えずさくらんぼ　（千葉県　川合瑞季　小六）

さくらんぼとなりを見れば君がいる　（東京都　三上陽子　中二）

夏木立《なつこだち》

夏木《なつぎ》
新樹《しんじゅ》

夏の木々は緑があざやかで、青々と茂ったそのすがたは、すがすがしさを感じさせます。一本の場合は「夏木」といい、並木道や林など、たくさんある場合は「夏木立」といいます。夏のはじめの、みずみずしい若葉におおわれた木を「新樹」と呼びます。

夏木立忘れ去られし標準語　（愛媛県　村上晴香　高二）

蠍座に一番近い夏木立　（茨城県　仁平朱美　高三）

見上げれば君と新樹と青い空　（青森県　柳剛光江　教諭）

夏（植物）

新緑《しんりょく》

緑《みどり》さす
若葉《わかば》
青葉《あおば》

初夏になって、木々はみずみずしい緑の葉を広げていきます。そのあざやかな緑を、新緑といいます。「新」という漢字が入っているので、より若々しい感じがしますね。木々の新しい葉を「若葉」とか「青葉」といいます。青葉のほうが、より深い緑を感じさせます。

新緑の山をいろんな色でぬる

（群馬県　須藤花楠　小四）

絵を描いているのですが、目の前の新緑の山はいろんな色を使わないとよく描けないのですね。やはり新緑の力は一色ではないのです。これも発見。（星野）

木々が芽吹き、雑木の山は、どんどん緑でおおわれてきました。よく見ると、その新緑の色が、木の種類によってみな違った色をしていることに気づきました。新しい季節を迎える喜びがよく伝わってくる作品です。（石田）

教室の窓から見える若葉かな

（鳥取県　小原里梨　中三）

新緑や恋のうわさがこそこそと　（三重県　玉置有希　高三）

万緑《ばんりょく》

木々の緑が深まって、生命力にあふれている様子を、万緑といいます。中国の詩人・王安石の詩の一節「万緑叢中紅一点」がもとになっています。「万」という大きな数字を使いたくなるくらい、世界全体が緑にみちあふれている、そんな季節感をあらわす季語です。

鉄拳で語る友情いま万緑　（愛媛県　馬越天　高二）

「鉄拳で語る」とは、殴り合いの喧嘩をしたということでしょう。本音で話す相手だからこそ殴り合いになった。なんだかテレビの青春ドラマの場面のようですが、「いま万緑」という季語は、まさに青春の真っ盛りを象徴しています。　（仁平）

向日葵《ひまわり》

日輪草《にちりんそう》
日車《ひぐるま》

真夏に、大きな黄色の花を咲かせます。高さは二〜三メートルもあり、見上げるとその存在感におどろかされます。太陽に向かって咲くので「向日葵」という名前がついています。元気いっぱいのあざやかな黄色には、暑さに立ち向かう力強さを感じます。

ひまわりも私と同じ空見てる

（千葉県　古賀由夏　小四）

向日葵の向いてる方に光あり

（愛知県　牧内健太郎　中一）

作者もまた、向日葵と同じ方を見つめているのかもしれません。その胸の中にはどんな思いがあるのでしょう。きっぱりとした表現に、なにか決意のようなものが感じられました。

（石田）

筍《たけのこ》
竹《たけ》の子《こ》
たかんな

たけのこは、煮たり、炊き込みご飯にしたり、新鮮ならお刺身のようにして生で食べたりします。かぎられた季節にしか味わえない、旬の味覚です。にょきっと生えたそのすがたは、ちょっとユーモラスですね。抱き上げてみると、なかなか重たいものですよ。

竹の子がどんどんのびて雲つっつく
（鳥取県　和田祥枝　小三）

どくだみ
十薬《じゅうやく》

ひかげによく咲く、白い花です。葉、茎、根は薬としていろいろと役に立つので「十薬」という別名もあります。「十薬」というよりも「どくだみ」と呼んだほうが、しぶといイメージになりますね。

どくだみの花影ありて校舎裏
（茨城県　萩谷早苗　教諭）

どくだみの花や地球が好きになる
（埼玉県　岸田政明　教諭）

夏（植物）

どくだみはいやな臭いがしますが、とてもきれいな花が咲きます。作者には、この植物が、地球の汚れを一手に引き受けてくれているように思えたのでしょう。（仁平）

捩花《ねじばな》

ねじればな
捩《ね》り花《ばな》
文字《もじ》摺草《ずりそう》

細長い葉のあいだから、長い茎を伸ばして、上のほうにたくさんの小さなもも色の花をつけます。花のつきかたも茎も、捩れているので「捩花」という名前になりました。

捩花や明日を夢みる少女いて　（愛知県　冨永幸子　教諭）

空に向かってらせん状に花をつける「捩花」の様子に、「明日を夢みる」少女の気持ちを象徴させています。その小さな桃色の花のように、可憐《かれん》な「少女」なのでしょう。（仁平）

蛍袋《ほたるぶくろ》

釣鐘草《つりがねそう》
風鈴草《ふうりんそう》

高さ五十センチメートルくらいで、花が鐘のようなかたちをしています。白色やうすむらさき色、紅葉《もみじ》色の花をつけます。花の中に、つかまえた蛍を入れて遊んだことから、「蛍袋」という名前がつきました。蛍を入れる袋なんて、ロマンチックですね。

今日もまた蛍袋を覗きけり

（鳥取県　林敦司　教諭）

秋の句

秋《あき》

金秋《きんしゅう》
素秋《そしゅう》

立秋（八月八日ごろ）から立冬（十一月七日ごろ）の前日までが、秋です。秋は、空が高く澄み、木々が紅葉し、穀物の実る季節です。また、冬に向かっていく、ものさびしい季節でもあります。あなたは、どんなものに秋を感じますか。

秋の道ゆっくり歩く人のかげ　（山形県　阿部美雪　小二）

パレットを全部使ってかいた秋　（千葉県　藤川礼奈　小六）

水彩絵の具を使って、美しく紅葉した秋の景色を描きました。夢中で描いていたのでしょう。いつのまにかパレットはさまざまな色の絵の具ですき間がないくらいになっていました。描ききった満足感も感じられて力強い作品です。（石田）

一日が早く感じる秋だから　（青森県　藤田美希　中二）

古ぼけた簞笥の隅に潜む秋　（青森県　二木恵理奈　高一）

この句には「簞笥《たんす》」という日本の言葉の美しさ、響きに共鳴しました。又、これ程「秋」という透明感が伝わってくる十七音に拍手を送りたいと思います。（星野）

歯ぶらしの柄の透けたるや今朝の秋　（愛媛県　中津由貴　高一）

何かしらふと足止まり里の秋　（鳥取県　前田雅子　教諭）

なぜ足が止まったのか、作者自身にもわかりません。きっと「里の秋」の風景が子どものころの思い出につながって、しばしのあいだ、そこに追憶の時間が流れたのでしょう。（仁平）

秋（時候）

せせらぎに耳を澄ませば与謝の秋

（京都府　宮﨑竜也　教諭）

立秋《りっしゅう》

秋立《あきた》つ
秋来《あきく》る

八月八日ごろが、立秋です。この日から秋がはじまります。「秋来《き》ぬと目にはさやかに見えねども風の音にぞおどろかれぬる」（藤原敏行）という、立秋を詠《よ》んだふるい歌があります。秋の兆しは、目で見てもわからないけれど、風のには感じられる、という歌です。

秋がきたいつもと変わらぬ顔をして

（群馬県　桑子萌花　高二）

山並がぐんとせり出し秋来たる

（茨城県　吉澤昭子　教諭）

残暑《ざんしょ》

秋暑《しゅうしょ》
秋暑《あきあつ》し

立秋をすぎてもまだまだ暑いことを、残暑といいます。ちかごろは、九月になっても暑いですね。ちなみに、夏に「暑中見舞」という季語があります。これは「暑い夏ですがお元気ですか」と相手を気づかう手紙のことで、立秋をすぎると「残暑見舞」になります。

秋暑しあふれる口の中の水
（青森県　吉田敦　高二）

お隣りの授業筒抜け残暑かな
（長野県　曾根原幸人　教諭）

秋《あき》の昼《ひる》

秋になってもしばらくは暑さがつづきますが、しだいに昼でも涼しくなり、やがては寒さを感じるようになります。夏にくらべて、しだいに日差しもおとろえてきて、風も冷たくなります。そこはかとなく、さみしさを感じる時間でしょうか。

けしごむを上に投げてる秋の昼
（沖縄県　金城美優　小四）

秋《あき》の夜《よ》

夜長《よなが》
長《なが》き夜《よ》
秋夜《しゅうや》

秋は、夏にくらべて、昼が短く、夜が長くなっていく季節です。だから、別名を「夜長」といいます。秋の夜は、虫の声がきこえ、月の光が差しこんできます。読書をしたり、夜なべをしたりして過ごします。

お日さまのにおいのパジャマ秋のよる

（愛媛県　菅雅弘　小二）

秋の夜に本の世界に迷い込む

（愛知県　五十嵐千愛美　中二）

読書の秋。『ナルニア国物語』や『西遊記』を読んでいるのかも……などと想像をふくらませました。夢中で本を読んだ頃を思い出しました。

（石田）

誰からもメールが来ない秋の夜

（神奈川県　石原朝子　高二）

母の声外までひびく夜長かな

（愛媛県　片山あずさ　高三）

天文

秋《あき》の空《そら》

秋空《あきぞら》　天高《てんたか》し
秋晴《あきば》れ
秋日和《あきびより》

秋の空は澄みわたって、とてもうつくしいです。透明感があって、どこまでも空が続いているように思え、天がとっても高く見えるので「天高し」といいます。また、秋の晴れた日を「秋晴れ」とも「秋日和」ともいいます。過ごしやすいですが、どこかさみしさを感じます。

ジャングルジム上の上まで秋の空
（愛媛県　亀井里咲　小六）

ガラス戸の私の顔と秋の空
（愛媛県　大橋文子　高二）

雲ひとつ無い秋空に手を伸ばす
（青森県　工藤佳　高二）

秋日和職員室へ行こうかな
（愛知県　池野陽子　高二）

秋の天気の良い日は心も軽く、浮き浮きします。普段はあまり行かない職員室へも行ってみたくなるとは面白いですね。季語がそうさせるのでしょう。（星野）

職員室が好きな生徒は、あまりいない。ふつう「秋日和」にはハイキングか買物に出かけたくなるのに、その行き先を「職員室」にしたところがおもしろい。行こうかどうか迷っているわけではなく、「秋日和」の感じを表現した軽いユーモアの句です。（仁平）

秋晴れや今日もボールをけっている　（愛媛県　浅井晴貴　高二）

秋空や思い出ばかりふりかえる　（茨城県　向田光子　高三）

天高し下校児九九を唱へ《え》つつ　（高知県　徳永逸夫　教諭）

算数の時間に勉強した九九を、何人かで唱えながら帰って行く場面でしょう。子どもたちの競うような大声に、「天高し」という季語が効果的に作用しています。（仁平）

天高く群読平家物語　（青森県　千吉良岳　教諭）

秋《あき》の雲《くも》

鰯雲《いわしぐも》
うろこ雲《ぐも》

秋の空を見上げると、小さな雲が、さざ波のようにたくさんつらなっています。岩のかたまりのような夏の雲とは、まるで違います。海原に群れる鰯《いわし》に似ているので「鰯雲」と呼んだり、うろこのように細かいので「うろこ雲」と呼んだりします。

カーテンを開けて気づいた鰯雲　（埼玉県　園田萌乃　中二）

秋の雲この手につかみたくなるよ　（愛知県　野口弘樹　中三）

ふるさととひとつながりの鰯雲　（青森県　佐々木萌　高一）

教壇は孤高の高さ鰯雲　（茨城県　植野康二　教諭）

剣道の素振り百回いわし雲

（愛知県　中村賢司　教諭）

月《つき》

満月《まんげつ》　月夜《つきよ》
十五夜《じゅうごや》　名月《めいげつ》
月明り《つきあかり》　月光《げっこう》
月見《つきみ》　月見団子《つきみだんご》
良夜《りょうや》　月白《つきしろ》

月は、どの季節にも魅力的な表情を見せてくれますが、中でも秋の月は、清らかでうつくしいと考えられてきました。ですから「月」は秋の季語です。旧暦の八月十五日、いまでいうと九月なかごろの満月を、とくに「名月」と呼びます。十五夜は、月が良い夜なので「良夜」ともいいます。この日に月見をして、月見団子を食べたり、芒《すすき》をかざったりします。「月明かり」「月光」は、月の放つ光のことです。「月白」は、月の出る前の空の、ほの白い明るさをいいます。秋を代表する季語の月で、みなさんも一句作ってみましょう。

長い長い塾の階段月照らす

（埼玉県　萩原行祐　中三）

月明かり優しい人を照らしてる

（福井県　清水綾乃　中三）

今日の月とうとう家までついてきた　（大分県　庄司拓矢　中三）

月見団子と随筆を書く私　（愛媛県　中野友美子　中三）

一句の中にたくさんの夢がありました。自分の存在を感じる季節なのですね。（星野）

今までにないユニークな作品です。月見に供えたお団子や芒《すすき》を見ながら随筆を書いている作者。秋の澄み切った月の光が差し込んでくるような気がします。（石田）

月明を頼りに探す鍵の穴　（大阪府　木村彩乃　高三）

灯を消せば土にしみ込む月明り　（大阪府　深美真希　高二）

月光を浴びて父親らしき顔　（愛媛県　安部拓朗　高二）

秋（天文）

月の光を浴びた父の顔が、普段とは違う尊厳のようなものを感じさせたのです。逆にいえば、ふだんの顔は父親らしくないわけですが、ふとした瞬間に「父親らしき顔」を発見した感動が、いくぶん滑稽さを交えて表現されています。

（仁平）

虚も実も月光の中能舞台

（青森県　野田欣一　教諭）

能を見ているのではなく、野外の能舞台を見ているのです。その無人の能舞台が月の光を浴びて、まさに幽玄の世界を創り出している。作者は「実」としての能舞台に、「虚」としてのシテの舞を想像しているのかもしれません。

（仁平）

坂道をのぼりつめたる良夜かな

（青森県　佐々木正仁　教諭）

十三夜《じゅうさんや》

後《のち》の月《つき》

旧暦九月十三日の夜のことです。十三夜は、十五夜の次に満月になる夜です。ですから、十五夜の後ということで、「後の月」とも呼ばれます。いまでいうと十月のなかばなので、かなり肌寒くなっています。十五夜に比べて、さみしさの漂う満月です。

イトカワはその先にあり十三夜

（岩手県　佐藤淳子　教諭）

星月夜《ほしづきよ》

天《あま》の川《がわ》
銀河《ぎんが》　銀漢《ぎんかん》
流《なが》れ星《ぼし》
流星《りゅうせい》

よく晴れた秋の夜は、満天の星がうつくしく見られます。月が出ていなくても、月夜のように明るいので「星月夜」といいます。星がたくさん集まって、川のように見えるところを「天の川」「銀河」「銀漢」といいます。流れ星も、秋は空が澄んでいるので、ことに見やすいです。秋の夜空は、月が出ていても出ていなくても、見るべきものがありますね。

ながれぼしおねがいごとをききにくる

（中国　内山春菜　小二）

流れ星同じ気持ちになれた夜

（東京都　杉本淳　中二）

塾帰り二人を照らす星月夜

（埼玉県　房野実希　中三）

仲良しの二人なのでしょう。日が短くなって、塾から帰る頃はすっかり夜に。星明りの下をどんな話をしながら帰ったのでしょう。季節の移り変わりをよく感じ取った句です。（石田）

いいことがあったその日は星月夜

（青森県　霜越礼望　中三）

まばたきをがまんする子ら流れ星

（沖縄県　玉城奈美子　教諭）

秋《あき》の風《かぜ》

秋風《しゅうふう》
秋風《あきかぜ》
金風《きんぷう》

秋に吹く風をまとめて、秋の風といいます。おもに西から吹いてきます。夏の南風にくらべて、荒く冷たい風です。夏が終わり、冬に近づいていく季節なので、秋風が吹いてくると、ものさびしさ、かなしさが感じられます

自転車をとおせんぼする秋の風

（東京都　井上くるみ　小五）

秋風が私を連れて旅に出る　（埼玉県　中條瑞保　中一）

「秋風」が擬人法として使われていて、ちょっと気取っています。これが「春風」だったら、旅はわくわく気分なのでしょうが、「秋風」ですから、きっと作者はこの旅にどこかさびしさを感じているのです。（仁平）

口紅を迷いて買わず秋の風　（愛媛県　河野美千代　教諭）

破れたるバックネットに秋の風　（千葉県　小林正治　教諭）

台風《たいふう》

台風圏《たいふうけん》
台風《たいふう》の目《め》

熱帯性低気圧のなかでも風速の強いもののことです。猛烈な雨と風をともなって、南からやってきます。八月から九月にかけて、日本列島をおそうことが多いです。暴風警報が出たりして、休校になることもありますね。びゅんびゅん吹き荒れる風の音を聞いていると、早くすぎさってほしいと思います。

台風が終わったあとの空がすき　（東京都　伊藤夏未　中一）

本当に素直に自分の気持ちを表しています。澄みきった空が見えて来ます。（星野）

少しだけ心が踊る台風前　（茨城県　藤田絢子　高三）

組たいそう台風接近未完成　（茨城県　栗原秀雄　教諭）

雁渡《かりわた》し　青北風《あおぎた》

北方から雁が渡ってくるころに吹く北風です。風が、まるで雁を日本まで渡してきたかのようだ、というところからつけられた名前でしょう。九月から十月ごろなので、肌寒さを感じるころです。「雁」という鳥の名前が入っているので、空の青さが目に浮かびます。

雁渡し家路を急ぐ私押す　（愛媛県　鎌田早紀　中三）

雁渡しとは、雁が日本に飛来するころに吹く、強い北風のこと。塾からの帰り道で

秋（天文）

しょうか。急いで歩いていると、まるで背中を押すように北風が吹いてきました。何気ない日常のひとこまを、美しい季節のことばを使って描いています。

（石田）

秋《あき》の雨《あめ》　秋雨《あきさめ》

秋には雨が多く、何日も降りつづくことがあります。こまかい雨が、しんしんとつめたく降り、沈んだ気持ちになります。だからこそ、晴れた日の空が、よけいにうつくしく感じられるのでしょうね。

秋の雨弓道場に松香る

（茨城県　本橋愛美　高二）

稲妻《いなずま》　稲光《いなびかり》

雷雨のときに、ピカッと光るのが稲妻です。夏の季語である「雷」には、ゴロゴロと鳴る音のイメージもふくまれますが、「稲妻」は光だけを指します。稲の穂が実る時期によく発生するので「稲妻」「稲光」という名前がつきました。

いなびかり灰色の空真っ二つ

（鳥取県　池本千尋　小六）

稲妻におびえて受ける授業かな

（宮崎県　川畑俊太郎　中一）

地理

秋《あき》の山《やま》

秋嶺《しゅうれい》
山粧《やまよそお》う

澄みきった大気の中で、秋の山は、くっきりと近く見えます。日差しを浴びて、明るい印象もあります。秋が深まると、紅葉もはじまって、山が紅にそまります。そのはなやかな変化が、おしゃれをしているようだということで「山粧う」ともいいます。

三階の窓に近づく山の秋

（岐阜県　林弥宏　高一）

生活

運動会《うんどうかい》

体育祭《たいいくさい》

秋は、スポーツの秋といわれます。学校でも、秋に運動会を行うところが多いですね。空が高く澄みわたっているので、運動をするのに、とてもよい季節です。徒競走、玉入れ、綱引き、障害物競走など、いろいろな競技があります。みなさんは何に出場しましたか。

運動会れん習は一番だったのに

（千葉県　井野由加里　小四）

体育祭いろんな色が走ってる

（熊本県　右田裟貴　中三）

秋（生活）

新蕎麦《しんそば》

走《はし》り蕎麦《そば》
蕎麦刈《そばかり》

蕎麦は十月ごろに収穫します。そのことを「蕎麦刈」といいます。それより少し早い九月ごろに、蕎麦を刈りとって、その粉で打つのが、新蕎麦です。まだ十分に熟していない蕎麦の実は、青みが残っています。この時期だけ食べられる、旬のものです。「蕎麦」だけでは季語にならないので注意しましょう。

山越えて新蕎麦すする祖谷の宿

（宮崎県　東野静代　教諭）

稲刈《いねかり》

稲穂《いなほ》
新米《しんまい》
今年米《ことしまい》

四～五月に植えた稲は、九～十月に実りの時期を迎えます。ゆたかに実った稲を「稲穂」といい、それを収穫することを「稲刈」といいます。むかしは、鎌をつかって手で刈りとっていましたが、いまは稲刈機で一気に刈りとります。その年に収穫した米を「新米」「今年米」といいます。水分をたっぷりふくんで、おいしいです。

稲かりの後の田んぼはさびしいな

（徳島県　佐々木瞭　小五）

通学路稲穂の波が押し寄せる

（三重県　寺島千紘　中三）

菊人形《きくにんぎょう》

菊人形展《きくにんぎょうてん》

菊の花や葉を衣装に見立てて作った人形です。菊の季節になると、各地の公園や寺社の境内、遊園地などで見られます。芝居の場面や有名人をモデルにつくるので、はなやかですが、等身大の人形が多いせいか、ちょっと怖い印象を受けることもあります。

おじいちゃんきくにんぎょうと会話する

（群馬県　堀米紀行　小三）

菊人形小さい頃はこわかった

（青森県　平田あすか　中二）

本当に素直に心持ちを読んでいると思いました。少し大人になってそんな時を思い出している作者の表情が浮かびます。

（星野）

秋（生活）

行事

七夕《たなばた》

星祭《ほしまつり》
星合《ほしあい》
星今宵《ほしこよい》
七夕竹《たなばたたけ》

今では七月七日に行われるので、七夕といえば夏のイメージですが、もともとは一か月ほどあと、秋のはじめの行事でした。別名「星祭」です。恋人の織姫と彦星が、年に一度、この日だけ会うことができるというロマンチックな伝説があります。かつては笹竹《ささだけ》に詩や歌を書いた短冊をつるし、文字や裁縫の上達を祈りました。この竹を「七夕竹」といいます。今でも、願いごとを書いてつるしますね。

七夕に俳句を作り願いごと

（茨城県　金久保歩夢　小六）

盆《ぼん》

魂祭《たままつり》　霊棚《たまだま》
精霊祭《しょうりょうさい》
盂蘭盆《うらぼん》
墓参《はかまい》り

七月十三日から十六日まで、祖先の霊をまつる行事です。盂蘭盆ともいいます。ひと月おくれ、八月十三日から十五日に行う地域が多いです。仏壇の前に精霊棚をつくり、初物の野菜などをそなえ、お坊さんにお経をあげてもらいます。この時期、祖先の墓にお参りすることを「墓参り」といいます。墓を水で洗い、線香をあげ、花などをたむけます。

はかまいり知らない人に頭下げ

（茨城県　根本実奈　小三）

はかまいりしらない人とすれちがう

（広島県　福原奈緒　小四）

墓参りお水をどうぞおじいちゃん

（青森県　佐藤倫　小五）

とても愛情があって可愛い一句でした。とくに「おじいちゃん」がぴったりだと思いました。

（星野）

墓参りには、墓石を洗い雑草を抜いて、きれいになったら花と水を供えます。そうすると、まるで生きている人にお水をすすめるような気持ちになって、思わず心の中

秋（行事）

でおじいちゃんに話しかけたのです。やさしい気持ちが伝わってくる素晴らしい作品です。（石田）

にぎやかにせいくらべするお盆かな

（青森県　盛田彩佳　小六）

お盆になると、親戚中がふるさとの家に集まることもあるでしょう。きょうだいやいとこ同士で遊んだりせいくらべをしたり。いきいきとした場面を連想させる句です。（石田）

墓参り後ろに視線感じてる

（愛知県　角谷匡史　中二）

墓参り他の墓にも手を合わせ

（北海道　菊地智皓　中二）

墓参りはじめて知った家の紋

（広島県　野田千裕　中三）

それぞれの家に昔から伝わる家紋がありますが、普段はあまり見ることはありませ

ん。墓参りでお墓や水を汲《く》む桶《おけ》とかに家紋があり、はじめて知ったのですね。一つの発見のある俳句でした。（星野）

家族や親族たちとでかけた墓参りで、「これがうちの家紋なんだ」と、はじめて知ったのですね。なんとなくしみじみとした気分になったのでしょう。家族との賑《にぎ》やかな会話もきこえてきそうです。（石田）

制服を祖父に見せよう墓参り　（愛媛県　大澤美幸　高一）

供養より疎遠をわびる墓参り　（茨城県　鈴木光　教諭）

終戦日《しゅうせんび》

敗戦日《はいせんび》
敗戦忌《はいせんき》
八月十五日《はちがつじゅうごにち》
終戦記念日《しゅうせんきねんび》

昭和二十年八月十五日、日本はポツダム宣言を受け入れ、天皇が終戦の詔勅をラジオで放送し、第二次世界大戦が終結しました。戦争から数十年経ったいまでも、八月十五日になると、各地で追悼の行事が行われます。戦争と平和について考える一日です。

欄干を鳩の歩ける終戦日　（愛媛県　戸田政和　教諭）

一日に三度のご飯終戦日　（青森県　宮内香宝　教諭）

秋祭《あきまつり》

里祭《さとまつり》
村祭《むらまつり》

豊作を祝う「春祭」に対して、収穫に感謝するのが「秋祭」です。ですから、稲の収穫後に行われます。「里祭」「村祭」ともいいます。気持ちのいい季節の中で、収穫のよろこびを分かちあいます。

秋祭りみんなでたたく大だいこ　（茨城県　村田裕之　小五）

赤《あか》い羽根《はね》

愛《あい》の羽根《はね》

十月の一か月間、行われる共同募金です。昭和二十二年からはじまりました。街頭などで、募金が呼びかけられます。募金をすると、赤く染めた「赤い羽根」がもらえます。

赤い羽根来賓席にそろひ《（い）》けり　（岩手県　成田不美　教諭）

運動会とか何かの集まりでしょうか。来賓席の方々はみんな赤い羽根をつけてまじめに座っています。それを写生した一句ですが面白いところを見ましたね。（星野）

文化《ぶんか》の日《ひ》

十一月三日、国民の祝日です。もともとは明治天皇の誕生日で「明治節」という名称でした。戦後、昭和二十三年に新しい憲法が公布されたとき「自由と平和を愛し、文化をすすめる」ための日として、定められました。

食べかけのフランスパンや文化の日　（茨城県　悴田彩乃　高二）

「食べかけ」は、飽食の時代にたいする批判というより、ウィットの効いた揶揄《やゆ》になっています。「フランスパン」が手柄。ほかの食べ物では、そのウィットが効きません。

(仁平)

子規忌《しきき》

糸瓜忌《へちまき》
獺祭忌《だっさいき》

九月十九日、正岡子規が亡くなった日です。子規は、明治時代になって日本の文化や生活が大きく変わったとき、江戸時代のふるい俳句を、現代の文学にしようと努力しました。脊椎カリエスという病気で寝たきりになりながら俳句や短歌をつくり、文章を書き、三十六歳の若さで亡くなりました。最後につくったのが、糸瓜を詠んだ俳句だったので忌日は「糸瓜忌」とも呼ばれています。

頑なな人と言われて糸瓜の忌

(愛媛県　河野光梨　高二)

動物

渡《わた》り鳥《どり》

鳥渡《とりわた》る　雁《かり》
鴨《かも》　小鳥来《ことりく》る
小鳥《ことり》　つぐみ

寒い冬が来るため、すこしでもあたたかい日本で冬を過ごそうと、北方から鳥たちが日本に渡ってくることを「鳥渡る」といいます。雁や鴨をはじめ、つぐみやひわなどの小鳥もいます。とくに小鳥たちの渡りを指して「小鳥来る」といいます。

小鳥鳴きこれで始まる空の色
（宮崎県　嶽元毅　中三）

フルートの音色のごとき小鳥来る
（青森県　木村沙央　高一）

小鳥来る等身大の君がいて
（愛媛県　野口あや　高二）

放課後のクラリネットや小鳥来る
（茨城県　坂入一生　高二）

吹奏楽部の練習でしょうか。小鳥もかわいい声で鳴いているのかも知れませんね。（星野）

学校の小さな森に小鳥来る　（静岡県　吉政杏紗　高四）

駅そばのつゆの辛きよ鳥渡る　（東京都　池田瑠那　教諭）

秋《あき》の蚊《か》

残《のこ》る蚊《か》
別《わか》れ蚊《か》

「蚊」は夏の季語です。秋になっても、まだ残っている蚊を「秋の蚊」「残る蚊」といいます。秋が深まると、数も減り、よわよわしくなります。仲間も少なくなるなかで、必死に生きようとしている秋の蚊は、あわれをさそいます。

秋の蚊や頭を占める化学式　（愛媛県　小渕美由　中二）

秋の蚊を一度は払い二度は打つ　（茨城県　山中なつみ　高二）

ひぐらし

かなかな
つくつくぼうし
秋《あき》の蟬《せみ》

秋に鳴く蟬を「秋の蟬」といいます。「ひぐらし」は、晩夏から秋にかけて、とくに夕暮れによく鳴く蟬です。カナカナカナカナ……と、うつくしく、どこかさみしげな声で鳴きます。その鳴き声から「かなかな」ともいいます。「つくつくぼうし」も秋の蟬です。

ひぐらしの鳴き声聞いて急ぎ足

（茨城県　仲澤麻友　小六）

とんぼ

赤《あか》とんぼ　秋茜《あきあかね》
しおからとんぼ
鬼《おに》やんま

とんぼは春の終わりから秋の終わりまで見られますが、とくに秋空をバックに飛びまわっているすがたが印象的です。「夕焼けこやけの赤とんぼ」とはじまる童謡があります。どこかなつかしさを感じさせる虫です。

かえりみちそらいっぱいのあかとんぼ

（山形県　髙橋啓太　小一）

赤とんぼなかまみんなで空とぶよ

（栃木県　渡邉建昇　小二）

秋（動物）

夕焼けに色をもらった赤とんぼ　（京都府　砂後奎太　小四）

赤とんぼしがみついてる観らん車　（青森県　磯島雄大　小四）

赤とんぼ走り出すたびついてくる　（千葉県　小嶌理沙　小六）

赤とんぼ空の真ん中飛んでいる　（大阪府　眞鍋紗知　小六）

ひとり待つ駅の広さよ赤蜻蛉　（愛媛県　木村圭佑　高二）

ひとりになったときに普段気付かなかった駅の広さを感じたところが感性です。そしてその空には自由に赤とんぼが飛んでいて、作者の心を飽きさせずにいます。ものの発見が素直に一句になっています。（星野）

虫《むし》

虫《むし》の声《こえ》　昼《ひる》の虫《むし》
虫時雨《むししぐれ》　虫《むし》の闇《やみ》
虫籠《むしかご》　鈴虫《すずむし》
こおろぎ
くつわ虫《むし》

俳句で「虫」と書くと、それは、秋に草むらで鳴く虫たちのことを意味します。蟬はふくみません。ふつうは夜に鳴きますが、昼にふと鳴いているのは「昼の虫」といいます。まるではげしい雨、時雨のようだというので、鳴き競う虫の声を「虫時雨」といいます。「虫の闇」は、虫の声によって、闇がいっそう深く感じられることです。虫には鈴虫やこおろぎ、くつわ虫など、いろいろな種類がいます。声の違いを聞き分けて俳句にするのも面白いですね。

草原でまぶたとじれば虫の歌　（岐阜県　稲川紗佑里　小六）

虫の声悲しいときも鳴いている　（東京都　坂田悠智　中二）

一つ灯を消して二人の虫しぐれ　（高知県　徳永逸夫　教諭）

ばった

きちきちばった
きちきち

草むらから、いきなり飛び出してくるばったに驚かされた経験はないでしょうか。ジャンプ力がすごくて、オリンピック選手のように、ピョーンピョーンと跳びます。追いかけると逃げていくすがたも、なんだかかわいいですね。

先生のくつにバッタがとまったよ

（鳥取県　牧野望愛　小三）

いいところを見ていると言うより見付けたなと思った一句。先生というのは子どもにとって特別な存在の人。全身全体どこを見ても先生なのだ。その中の「くつ」は小学校三年の望愛さんにとってはかなり大きなもの。バッタはまさか先生のくつとは知らずにとまったのだがそれを見ている鋭い視線には感心した。バッタの親しげな顔も見えてきた一句。

（星野）

野外での授業でしょうか。野原で、虫や草を観察しているのかもしれません。草を踏んで歩くと、つま先からバッタがぴょんぴょんととんで逃げます。そのうちの一匹が、先生の靴にとまったのです。草のなかにいたときとちがって、バッタの緑色がとても鮮やかに見えたでしょう。

（石田）

かまきり

蟷螂《とうろう》

いぼむしり

あたまは逆三角形で小さいけれど、手が大きな鎌になっていて、そのするどい手でえものをとらえて食べます。怒らせると、鎌をかざして向かってきます。なかなか迫力があります。昆虫のなかでも、強い虫ですね。

かまきりのじまんのかまがひかってる

（京都府　川嶋洋暁　小二）

植物

木犀《もくせい》

金木犀《きんもくせい》

銀木犀《ぎんもくせい》

秋、道を歩いているとき、ふと甘い香りがしてくると「木犀かな？」と思います。庭などによく植えられている木で、秋になると小さな花をたくさんつけます。香りがいいことで有名です。花がだいだい色なのが金木犀、白いのが銀木犀です。

木犀の星こぼれたり通学路
（東京都　児玉里麻　教諭）

教室に木犀の香の届きけり
（宮城県　関澤こずえ　教諭）

梨《なし》

ありのみ
洋梨《ようなし》
ラフランス

秋は果物のたくさんとれる季節です。梨は、果汁がみずみずしく、さっぱりとした味ですね。しゃりしゃりした食感で、いくら食べても飽きません。洋梨は、西洋の梨です。やわらかくて味が濃く、いびつなかたちがおもしろいですね。

梨の皮むきたる祖父の指太し
（青森県　髙村侑加　高一）

梨を剝くナイフの先の光かな
（岐阜県　岩佐啓人　高三）

柿《かき》

渋柿《しぶがき》
干《ほ》し柿《がき》

日本の秋を代表する果物です。青空をバックにして、大きな木に、柿が鈴なりになっている風景は、いかにも秋です。そのまま食べられる甘柿と、焼酎などで渋みを抜かないと食べられない渋柿があります。干し柿にすると、とっても甘くなり、長持ちします。

甘い柿津軽三味線響く空　（青森県　斎藤夢果　高三）

干し柿の暖簾の奥の野良着かな　（福井県　奥山勉　教諭）

「干し柿の暖簾《のれん》」はかけ連ねた干し柿のことですね。その暖簾から立ち働く人が見えるようです。とても臨場感のある句です。（石田）

ジャンプして夕焼けの柿もぎとれり　（茨城県　皆藤寿子　教諭）

渋柿やされど大器は晩成す　（愛媛県　村下満　教諭）

林檎《りんご》

林檎園《りんごえん》

北海道や東北、長野など、気温の低いところで育ちます。ふつうは皮をむいて生で食べますが、皮のままかじるのもすてきです。ジャムやアップルパイなどにして食べるのもおいしいです。

退屈な午後の長講林檎落つ

（茨城県　大塚麻耶　高二）

葡萄《ぶどう》

巨峰《きょほう》
マスカット
葡萄園《ぶどうえん》

ヨーロッパで古くから栽培されていた果物です。種類によって色や大きさが違い、大きくてむらさき色の「巨峰」や、みどり色の「マスカット」などがあります。丸い実が房になっていて、ひとつぶずつつまんでは、口にはこびます。ジューシーですね。

ふるさとのぶどう両手にあふれけり

（東京都　小川亜希子　教諭）

栗《くり》

栗飯《くりめし》
栗《くり》ごはん

とげとげの毬《いが》におおわれていて、熟すと毬が割れて中の実がのぞきます。焼いたり茹《ゆ》でたりして食べたり、皮をむいて「栗飯」にしたり、モンブランなどのお菓子につかったりします。ほくほくと甘くて、食べると自然に笑顔がこぼれます。

栗拾いトゲがじゃまするけど十個

（愛媛県　渡邊将太　小六）

なんだかこちらまでうれしくなってくる句です。「トゲがじゃまするけど」はとても正直ないいかたで、読んだ人にもとてもよくわかります。

（石田）

紅葉《もみじ》

紅葉《こうよう》　黄葉《こうよう》
夕紅葉《ゆうもみじ》
桜紅葉《さくらもみじ》

秋もなかばになると、木の葉が赤や黄色にいろづきます。春の代表といえば桜ですが、秋のうつくしさを代表するのが紅葉です。よく見かけるのが「かえで紅葉」や「つた紅葉」。夕方の紅葉を「夕紅葉」といいます。うつくしさのなかにさみしさを感じます。

紅葉とたそがれいろの金閣寺

（茨城県　泉貴大　中三）

秋（植物）

秋（植物）

妹の石蹴るちから紅葉降る
（青森県　木村誉　高一）

分校の手紙に添える紅葉かな
（青森県　木村沙央　高二）

夕もみぢ《じ》明日よいことありそうな
（茨城県　為我井節　教諭）

一日の終わりに紅葉を見て、明日はよいことがありそうな気がしたのです。夕日を浴びてますます赤さが増した紅葉の美しさが、その予感につながるのかもしれません。
（仁平）

桜紅葉が自転車の籠の中
（神奈川県　池田瑠那　教諭）

どこかに買物に行く途中なのか、それとも止めてあった自転車なのか。美しい桜紅葉が地面に落ちずに籠《かご》の中にあるという。何かどこか救われる気持ちがした一句でした。
（星野）

木《こ》の実《み》

どんぐり
くぬぎの実《み》
しいの実《み》
木《こ》の実独楽《みごま》

果物以外の樹木の実のことです。いわゆるどんぐりです。秋になると、公園や道に落ちていますね。ずんぐりとした「くぬぎの実」、シャープな「しいの実」などの種類があります。つまようじなどをさして、「木の実独楽」にして遊ぶこともあります。

どんぐりの真ん中あけてこま作る
（愛知県　永谷瑠衣　小三）

黄昏とベンチの上の木の実独楽
（石川県　太田知里　高一）

木の実独楽は「秋」の季語です。この黄昏《たそがれ》も、あっという間に暗くなってしまうと言う時間の流れが伝わってきます。「黄昏」「ベンチ」「木の実独楽」の並べ方がうまいですね。（星野）

「黄昏」には、一日が終わるという寂しさがあります。この木の実独楽は、子どもたちが置き忘れていったのでしょう。「ベンチの上」には、子どもたちが遊んでいた一

秋（植物）

日の余韻が残っているのです。　（仁平）

木の実降るときどき君は遠くなり

（愛媛県　野間芽生香　高二）

木の実が落ちるのを見ながら、ときどき彼の心が読めないことが気にかかっている。以前はそんなことを感じなかったのに、そのぶんだけ彼への想いが強くなったのでしょう。「木の実」が「降る」のは、つまり実が熟したわけですから。　（仁平）

銀杏《ぎんなん》

いちょうの実を「銀杏」といいます。外がわの果肉は黄色くてとっても臭いのですが、中の種は食べられるので、茶わん蒸しなどにつかいます。いちょうの葉のことを「銀杏」とはいいません。いちょうの葉は「銀杏《いちょう》散る」「黄落《こうらく》」「銀杏《いちょう》落葉」（冬の季語）などといえば表現できます。

銀杏の降る夜は祖母の物語

（愛媛県　檀上佳那　高一）

鶏頭《けいとう》

鶏頭花《けいとうか》

九月ごろに咲く花です。かたちが、にわとりのとさかに似ているので、「鶏頭」という名前がついています。赤色が多いですが、黄色や白色もあります。ごつごつとしていて、存在感のある花です。うつくしいですが、ときには、すこし不気味にも見えます。

子規庵に小さき地球儀けいとう花

（茨城県　為我井節　教諭）

コスモス

秋桜《あきざくら》

ピンクや白の可憐《かれん》な花が群れて咲きます。別名は「秋桜」。風に揺れるすがたはたよりなく、よわよわしい印象がありますが、実際には、日当たりと水はけがよければ、やせた土地でも生育する強い花です。もっともしたしみのある、秋の花のひとつです。

コスモスを見てる自分もゆれている

（東京都　横山悠　小三）

父と見た白いコスモス忘れない

（長野県　諏訪部友貴　小六）

秋（植物）

「忘れない」という一瞬の強い思いが心に残った作品です。コスモスの白さも目に浮かんできます。（石田）

コスモスが僕を明るくしてくれる

（愛知県　松井優樹　中一）

西瓜《すいか》

西瓜畑《すいかばたけ》

西瓜は、縁側で食べたり、海水浴で西瓜割りをしたり、夏のイメージがあります。それは栽培方法が進歩したからで、もともとは秋のはじめのものでした。抱えきれないほど大きく重たく、切り分けて食べます。赤い果肉にかぶりつくと、水分が多くて甘いですね。

すいかわりうそと本当の声がとぶ

（千葉県　林美香　小四）

すいかわり変な所をわりました

（中国　市丸詩織　小四）

秋（植物）

英文を朗読したる西瓜かな

（愛媛県　藤本南菜　中三）

糸瓜《へちま》

糸瓜棚《へちまだな》

夏の日ざしをよける日かげをつくるために、庭先などに植えます。棚をつくって、つるを這《は》わせます。その棚を「糸瓜棚」といいます。秋のはじめに、ふかい緑色で、五十センチ丈の太い実が、ぶらんとたれさがります。その様子は、ちょっとユーモラスです。

真っすぐな糸瓜や明日はきっと晴れ

（愛媛県　河野光梨　高一）

芒《すすき》

芒原《すすきはら》
薄《すすき》

秋の七草のひとつ、秋を代表する植物です。山や野原の、日当たりのいいところに生えています。高さは一～三メートルくらいにまでなり、すっと伸びた茎から穂が出て、風が吹くとなびきます。芒がむらがって一面に広がっている野原を「芒原」といいます。

すすきさんかぜにゆられておいのりだ

（岩手県　山本沙也加　小一）

秋（植物）

ずっしりと重み感じるすすきかな
（大阪府　川端佳織　小五）

家族ってなんだろ薄の穂は垂れて
（愛媛県　宮内妙子　教諭）

曼珠沙華《まんじゅしゃげ》

彼岸花《ひがんばな》
死人花《しびとばな》

畑のあぜ道などに群れて咲きます。五十センチほどの丈で、その先に赤い炎のような花をひらきます。秋の彼岸のころに咲くので「彼岸花」ともいわれます。墓地にも多いので、「死人花」といった名前もついていて、暗いイメージがあります。

咲いている夕日のような彼岸花
（京都府　藤原礼奈　中二）

彼岸花美しいのか悲しいのか
（山口県　福本優美　中三）

通学の道まっすぐに曼珠沙華
（鹿児島県　岩下勝也　教諭）

竜胆《りんどう》

笹竜胆《ささりんどう》
深山竜胆《みやまりんどう》

つり鐘のようなかたちの、青むらさき色の花を咲かせます。とてもかれんで、見つけるとついついしゃがみこんで見つめてしまいます。薬草にもなります。かわいいだけでなく、役に立つ花なんですね。「竜」という字があるからか、りんとした印象もあります。

りんどうの藍に驚く山路かな

（京都府　坪倉憲子　教諭）

茸《きのこ》

松茸《まつたけ》
しめじ
しいたけ

木の根や朽木などによく生えます。たいてい、傘のかたちをしています。きのこの王様「松茸」、したしみぶかい「しめじ」、肉厚でおいしい「しいたけ」など、たくさんの種類があります。中には毒きのこもあるので、気をつけなくてはいけません。

倉庫裏ぽつんときのこ生えている

（埼玉県　河野沙紀子　中一）

秋（植物）

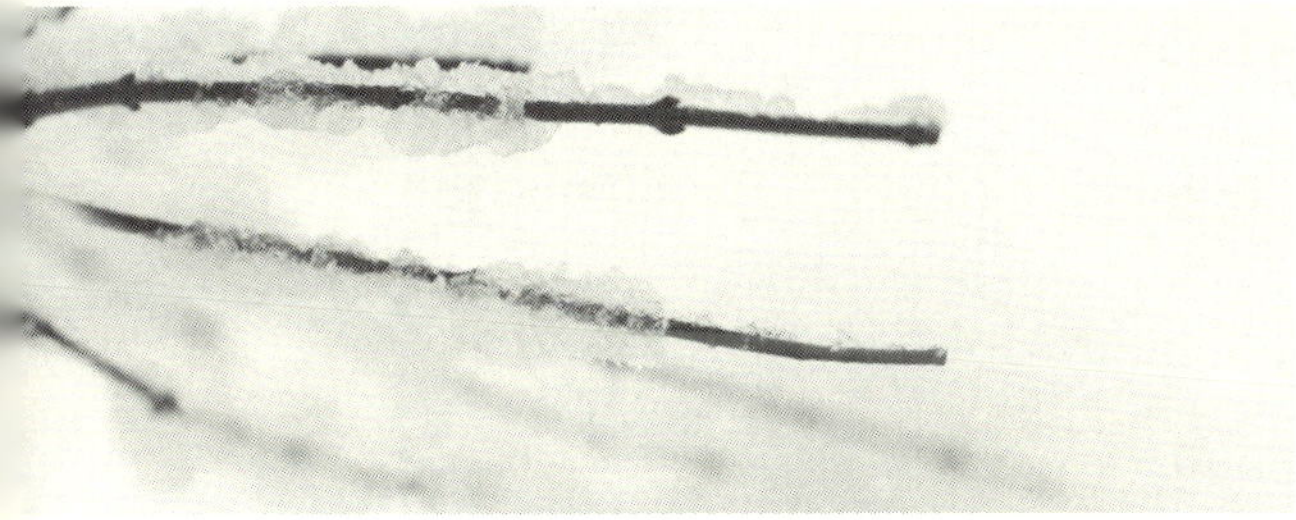

冬の句

冬《ふゆ》

冬帝《とうてい》
冬将軍《ふゆしょうぐん》

立冬（十一月七日ごろ）から、立春（二月四日ごろ）の前日まで、だいたい十一・十二・一月が、冬です。草木が枯れ、寒さがおとずれるきびしい季節です。咲く花も少なく、景色に色がとぼしくなります。人間はあたたかく過ごす工夫をして、冬を乗り切ります。

ふゆがきてぼくのせなかはまるくなる
（愛媛県　中井庄実　小一）

どこからか風が運んだ冬の色
（福井県　堀美沙希　中三）

冬だからその手に触れてもいいですか
（東京都　武藤亜弓　高一）

冬はみな小さくなりぬ夕日影
（愛媛県　飛田悠里加　高一）

自転車のサドルを上げて冬に入る

（愛媛県　神山歓奈　高二）

神無《かんな》月《づき》

神《かみ》の留守《るす》
小《こ》春《はる》
神迎《かみむかえ》

陰暦十月の別名です。むかしの暦は一か月ずれているので、現在の十一月ごろにあたります。この月は、島根県の出雲《いずも》大社《たいしゃ》に全国の神さまが集まるので、各地で神さまが留守になる月だと考えられました。ですから、「神無月」「神の留守」などといいます。また、陰暦十月を「小春」ともいいます。寒くなる前にいっときだけ、あたたかでおだやかな日和があるので、まるで春のようだということで「小春」といいます。「神無月」というと不安になり、「小春」というとぽかぽかとあたたかい気持ちになります。同じ季節でも、呼び方によって、ぜんぜん印象がかわりますね。

地にしみて輝く雨や神迎

（茨城県　川亦理恵　高三）

神迎射残されたる的一つ

（茨城県　永堀めぐみ　高三）

バスに乗る膝に小春の陽をのせて　（東京都　下山桃子　教諭）

十二月《じゅうにがつ》

師走《しわす》
極月《ごくげつ》

一年の最後の月です。日に日に寒くなり、日ざしも弱くなります。一年のしめくくりをしなければいけないため忙しいので、「師走」ともいいます。大そうじなど、新年を迎える準備もこの月にします。街はクリスマスムードになり、はなやかです。

極月の私の非常口は何処　（愛媛県　安部拓朗　高一）

高校生の俳句ですが、すごくナイーブな一面を持っていて感心しました。今後を期待したいですね。（星野）

巫女さんに採用されし十二月　（愛媛県　北平地恵美　高二）

女の子は誰でも一度は巫女さんにあこがれるようですね。十二月から正月にかけての忙しい中に、巫女さんに採用された喜びが隠されている一句。「うれしい」とか

「楽しい」とかを言わずに十七音にしたのが手柄でしょう。（星野）

煎餅の割れて十二月の鞄　（愛媛県　今治絵梨花　高二）

鉛筆の先は鋭く十二月　（青森県　木村聡　高三）

冬至《とうじ》
冬至南瓜《とうじかぼちゃ》

一年のうちで、昼がいちばん短く、夜が長い日です。だいたい十二月二十二日ごろです。この日には、冬を無事に過ごせますようにと、南瓜を食べたり、柚子《ゆず》を浮かべたお風呂に入ったりします。その南瓜を「冬至南瓜」、お風呂を「柚子湯」といいます。

ジーンズの青さ深まる冬至かな　（愛知県　西橋朋子　高一）

冬至の頃の着馴《きな》れたジーンズを写生した一句。やはり何と言っても「青さ深まる」に冬至を思ったところが素晴らしかったです。（星野）

色には暖色と寒色があり、青は寒色系ですが、ジーンズの色をふだんはそこまで意識しません。でもたまたま冬至の日に、その「青」が深まっていると感じられた。「青さ深まる」は「冬探し」という季節感に対応しています。（仁平）

年《とし》の暮《くれ》

年末《ねんまつ》
年《とし》の果《はて》
数《かぞ》え日《び》

一年の終わりである十二月の終わりごろを「年の暮」といいます。今年もあと数日しかないということを、「数え日」といいます。新年をむかえる準備をするために、街は大売出しでにぎわい、家では大掃除をします。あわただしく、活気があります。

シャンプーがなかなか出ない年の暮　（茨城県　仁平朱美　高二）

数へ《え》日の母の背中にありがとう　（茨城県　大和田沙貴　高二）

こんなに素直に母への思いをよく表現してくれたと思います。また「数へ日」という季題（季語）がいきいきとしています。父ではなく母なんですよね。（星野）

「数え日」とは、今年もあと何日と数えるような年末のことです。新年の準備に忙しいお母さんに、一年の感謝をしたい気持ちがあるのですが、面と向かっていうのは照

れくさいので、「背中」にお礼を言ってみたのです。（仁平）

大晦日《おおみそか》
除夜《じょや》
除夜《じょや》の鐘《かね》

十二月最後の日、十二月三十一日です。新年をむかえる最後の用意をし、夜には年末恒例のテレビ番組を見たり、年越しそばを食べたりします。大晦日の夜を「除夜」といいます。各地の寺では十二時になると「除夜の鐘」がつかれます。新しい一年がやってきます。

いちどでもならしてみたいじょやのかね　（沖縄県　大城祐二　小五）

大晦日家に電気がついている　（鳥取県　西山龍斗　小五）

寝たくないけど寝てしまう大みそか　（山梨県　坂彩加　小六）

大みそかに除夜の鐘を聞きたくて、ちゃんと十二時までおきていようと思うのに、いつも眠くなって寝てしまう。だれでも子供のころ、きっと同じような経験があるでしょう。そんな日常の小さな感慨が、五七五のリズムによって詩に生まれ変わるので

冬（時候）

す。

（仁平）

除夜の鐘夢の中でも聞いている　（岩手県　千葉大幹　小六）

除夜の鐘百八全部音ちがう　（青森県　尾嵜弘英　小六）

大晦日の夜、耳を済ませて待っていた鐘の音。その音が一つずつ違うなんて、思ってもみなかった発見です。新しい年を迎える作者の厳粛な気持ちが出ています。

（石田）

枕元静かに響く除夜の鐘　（埼玉県　内田美彩　中一）

肩をよせみんな待ってる除夜の鐘　（神奈川県　矢島千尋　中二）

山頂にやまびことなる除夜の鐘　（福井県　大橋卓晃　中三）

定位置にもう居ない祖父大晦日　（青森県　林和希　高一）

大晦日には必ずいつも同じ場所にいた祖父が居ない、とは寂しい俳句。でもよく言ってくれました。頑張ってください。（星野）

少年の集まっている除夜の鐘　（青森県　西野渉　高二）

みちのくの村里渡る除夜の鐘　（青森県　三上裕子　教諭）

思い出の話が止まる除夜の鐘　（岐阜県　若原三千代　教諭）

冬《ふゆ》の朝《あさ》

冬曙《ふゆあけぼの》
寒暁《かんぎょう》

冬の朝は、ほかの季節にくらべて日がのぼるのがおそく、とても寒いです。しかし、空気はピーンとはりつめて透きとおっています。野や畑には霜がおり、道ばたには霜ばしらが顔を出します。なかなか寝床から出られないので、ついつい起きるのもおそくなりがちです。

図書館で本を探した冬の朝

（東京都　斎藤央　小五）

短日《たんじつ》

日短《ひみじか》
日短《ひみじか》し

冬になって、昼の時間が短いことです。とくに、昼下がりから夕方にかけて、暗くなるのが早いので、午後に「短日だなあ」と感じることが多いです。「日短」「日短し」ともいいます。冬の心ぼそさを感じる季語です。

短日を駆け行くごとく友逝けり

（青森県　日山浩平　教諭）

冬《ふゆ》の夜《よ》

夜半《よわ》の冬《ふゆ》
寒冬《かんや》

昼が短いぶん、夜が長いのが冬です。かといって、寒いですから、外には出ないで家の中で過ごします。寝床に入っても、手足があたたまらず、なかなか眠れません。あたたかい蒲団《ふとん》やストーブ、暖房が欠かせないですね。

冬の夜蛍光灯の白さかな

（愛媛県　白石沙織　中三）

冬の寒い夜をもっと寒くさせるような蛍光灯の色に感じとったところが個性。俳句はやはり季語が一番大事だということを伝えている作品。冬の夜のたったひとつの色かも知れない。

（星野）

省エネルギーで、LEDが注目されていますが、昔の白熱球のあかりに比べると、ふつうの蛍光灯は白く、冷たい明るさに思われます。この句は、そんなあかりの白っぽさに、冬という季節をとらえた鋭さがあります。感情的なことを何もいわずに、寒さやわびしさを読者に感じさせたところがすぐれています。

（石田）

寒《さむ》し

寒《さむ》さ　寒《さむ》い
冷《つめ》たさ
冷《つめ》たい

冬の寒さのことです。ひとことで寒さといっても、いろいろな寒さがありますね。今日の寒さがどんな寒さなのか、感じとってことばにしてみましょう。ちなみに、寒さはからだ全体で感じますが、なにかに触れたときの「冷たさ」「冷たい」というのも季語です。

寒いけど絵に書くような空の色

（茨城県　程塚真弓　中三）

冬（時候）

日輪に感謝深まる寒さなり

（石川県　北川典子　教諭）

春近《はるちか》し

春《はる》を待《ま》つ
春隣《はるどなり》
日脚《ひあし》伸ぶ

春が、もうすぐそこまで来ていることです。冬の終わりごろですね。春がとなりに来ているということから「春隣」ともいいます。また、春が来てほしいという気持ちをこめて「春を待つ」ともいいます。まだまだ寒いですが、日差しが春らしくなってきます。

春隣余白だらけのノートあり

（茨城県　羽田美帆　高一）

信号が青になります春隣

（茨城県　北嶋訓子　高三）

放課後の女子の密談日脚伸ぶ

（東京都　島田さやか　教諭）

こういう密談の場は、男子よりも女子の方が多いかも知れませんね。だんだん春に近づいていき、夕方が明るくなってくるからでしょうか。放課後の楽しい時間がうまく表現できました。
数人の女子生徒がかたまって「密談」をしているのですが、なかなか帰りそうもありません。「日脚伸ぶ」という季語が、延々と続く話の雰囲気にうまく呼応しています。

（星野）

（仁平）

保健室日誌の余白日脚伸ぶ

（東京都　山本新　教諭）

天文

冬《ふゆ》の空《そら》

冬天《とうてん》
冬日和《ふゆびより》
冬晴《ふゆば》れ

冬の空は、晴れていると、ピーンとはりつめたように青くうつくしいです。逆に、くもったり雪が降ったりする日の空は、どんよりと重くなります。晴れた日のことを「冬晴れ」「冬日和」といいます。

ふゆぞらにぐんぐんあがるぼくのたこ

（茨城県　鶴見知己　小二）

冬（天文）

父の名を小声で呼びぬ冬日和　（愛媛県　野間菜津子　高二）

息止めて冬の空蹴る逆上がり　（沖縄県　安里昌剛　教諭）

この句は「冬の空」がうまいと思いました。逆上がりもうまく成功したんでしょうね。力強さに感動しました。（星野）

もう若くない先生でしょうか。だとすると、失敗したら恥ずかしいので、けっこう真剣なのです。「息止めて」という緊張感が、「冬の空」とうまく響きあっています。（仁平）

冬銀河《ふゆぎんが》

冬《ふゆ》の星《ほし》
凍星《いてぼし》
冬北斗《ふゆほくと》

「銀河」は天の川のことで秋の季語ですが、冬の天の川の、さえざえとしたきびしい光も、また心を打つということから「冬銀河」という季語ができました。冬の空に出る星は「冬の星」といいます。光が冷たそうに見えるので「凍星」ともいいます。

トンネルを抜ければ冬銀河の町　（愛知県　鴨下加奈子　高二）

数式は美しきもの冬銀河　（愛媛県　村下満　教諭）

冬北斗大人は大人の如くあれ　（埼玉県　岸田政明　教諭）

木枯《こがらし》

冬《ふゆ》の風《かぜ》
北風《きたかぜ》
隙間風《すきま》

秋の終わりから冬のはじめにかけて吹く強い風です。木の葉を落として、枯木にしてしまうことから、「木枯」といいます。「北風」は、冬に吹く寒い風です。耳や鼻が真っ赤になって痛くなるほどです。障子や壁のすきまから吹きこんでくる風が「隙間風」です。

こがらしが外でみんなを待っている　（鳥取県　小林真李亜　小四）

木枯らしが私のせなか追いかける　（鳥取県　寺谷法恵　小五）

冬（天文）

冬（天文）

北風に背中をおされ走り出す　（埼玉県　木下友里　中一）

冬の風通りぬけたり中華門　（中国　川瀬純一郎　中一）

トランプを売るおじさんに冬の風　（中国　岩佐多紋　中一）

南京のやむことのない冬の風　（中国　上門勝弥　中一）

本当に寒さというものをこれだけ伝えてくれているのは作者の心からでしょう。「南京《ナンキン》」という地名の響きもこの一句を引き立ててくれていると思います。（星野）

授業中こっそり入るすき間風　（愛媛県　小渕美由　中三）

凩に砕けし波の白さかな　（東京都　鈴木富恵　教諭）

霜《しも》

霜柱《しもばしら》
霜《しも》の花《はな》
朝霜《あさじも》
霜《しも》の声《こえ》

よく晴れておだやかな夜に空気中の水蒸気がそのまま凍って、建物や地面などにくっついた氷の結晶のことです。朝になると、その一面が真っ白く朝日にかがやきます。昼になると、日差しで溶けます。霜のおりるような夜に、地中の水分が凍ってにょきにょきと地上に出てくるのが「霜柱」です。土をかぶっていますが、クリスタルのようでとてもきれいです。

しもばしらふむといろんな音がする　（茨城県　織田百香　小二）

しもばしらふんでさわってたしかめる　（茨城県　市毛璃奈　小五）

霜柱地面の中の力持ち　（岩手県　竹澤一希　小六）

霜の音踏みしめるたびにぎやかに　（千葉県　金子さら　中一）

冬（天文）

しもばしらふんで聞こえる冬の音

（茨城県　酒井貴史　中二）

雪《ゆき》

初雪《はつゆき》　新雪《しんせつ》　粉雪《こなゆき》
綿雪《わたゆき》　雪《ゆき》だるま
雪《ゆき》うさぎ
雪《ゆき》つぶて
雪合戦《ゆきがっせん》　雪雲《ゆきぐも》　雪催《ゆきもよい》
吹雪《ふぶき》　地吹雪《じふぶき》　大雪《おおゆき》
除雪《じょせつ》　除雪車《じょせつしゃ》　雪国《ゆきぐに》

大気中の水蒸気が冷えて、結晶になり、地上に降ってくるのが「雪」です。空を見上げると、次から次にあらわれる雪たち。どこから降ってくるのか不思議ですね。ちらちらと降るのが「粉雪」、大きめのふわふわとしているのが「綿雪」です。積もった雪で、「雪だるま」や「雪うさぎ」をつくったり、「雪つぶて（雪玉）」で「雪合戦」をしてあそんだりします。雪が降りそうな空を「雪催」といい、雪を降らせる雲を「雪雲」といいます。はげしい雪は「吹雪」と呼びます。いったん積もった雪が強い風でまいあげられるのが「地吹雪」です。大雪が降ると、道路や家の屋根などの雪をとりのぞく「除雪」という作業をしなくてはいけません。人のちからで「雪掻《ゆきか》き」をしますが、道路などの除雪は「除雪車」が活躍します。「雪国」ならではの風景です。

雪ふると次の日いつもいいてんき

（栃木県　高橋優蘭　小一）

ゆきの上ぼくのあしあとだけのこる　（愛媛県　宇都宮大樹　小二）

銀世界の中での自分の存在感をうまくまとめています。小学生らしい言葉づかいも新鮮です。（星野）

雪だるまつくりたいけど雪がない　（山形県　秋山陸　小二）

陽をあびてぼくのしごとだ雪はらい　（岩手県　小野寺悠馬　小二）

初雪がみんなに会いにまい下りる　（秋田県　鈴木康介　小四）

大雪がおこったようにふってきた　（鳥取県　藤田紗英　小四）

白い空雪をいっぱいもっている　（ノルウェー　三上瑠河　小四）

冬（天文）

冬（天文）

まぶしいな朝の日射しと雪野原　（東京都　浅野慎基　小五）

雪だるま悲しい顔してとけていく　（徳島県　千葉崇斗　小五）

雪だるま一日だけのお友達　（山梨県　岡田拓磨　小六）

せっかく雪だるまをつくったのに、一日で解けてしまったのです。楽しかったときのことを思い出しながら、「お友達」を失ったさびしさがよく表現されています。（仁平）

雪の上ねっころがると青い空　（埼玉　米倉亜希子　中一）

新雪に足跡ひとつつけにけり　（岩手県　髙田梓　中一）

冬（天文）

初雪はあっという間に水になる　（愛知県　磯貝知也　中二）

野球部が一列になり除雪する　（北海道　高沼拓海　中二）

雪の音雪を踏むとは違う音　（静岡県　建穂志織　中三）

新雪に初めてつける靴の跡　（福井県　猿橋貴信　中三）

気がつくと君といっしょに雪見てた　（埼玉県　熊木雅恭　中三）

雪化粧窓から見える山に恋　（宮城県　福岡秀昭　中三）

校庭に一人寂しい雪だるま　（宮城県　濱中由宇也　中三）

雪だるまにも心があって、きっと一人では寂しいだろうなと思いやっている作者。やさしい気持ちの伝わってくる作品です。ぽつんと置かれた雪だるまが目に浮かびます。（石田）

雪雲と噴火の煙見間違え　（宮城県　後藤千春　中三）

「あ、雪が降りそうだ」と思ったらそうではなくて、噴火の煙だったのです。いや反対に、噴火の煙だと思って見ていたら、それは雪雲で、ちらちらと降ってきたのかもしれません。どちらにしても重苦しい冬の空ですが、どこかにおかしみがあって余裕のある句です。（石田）

呼びとめて君の背中の雪払ふ　（長野県　中嶋優菜　高一）

積もらぬと分かりし雪を見つめをり《（お）》　（愛媛県　鈴木紫方　高二）

初雪を今か今かと待つ窓辺　（東京都　澁谷嘉比呂　高二）

心が弾んでくる一句となっています。とくに今年になって初めて降る雪ですからその気持ちが素直に十七音の世界になっています。また「窓辺」という場所が面白いです。いつもと違った窓辺でしょうか。（星野）

灯台の雪積む上のひかりかな　（青森県　木村聡　高二）

一晩中ひとりきりなり雪だるま　（茨城県　落合祐佳　高三）

きっと雪だるまも寂しいのでしょうね。そんな作者のやさしい心が感じ取れます。（星野）

静かすぎる雪だと思う部屋の中　（奈良県　山田みえ　高三）

冬（天文）

今はただ津波の跡に雪白し　（宮城県　木村将也　高二）

二〇一一年の三月十一日のことは日本いや世界にとっても忘れてはいけない惨事であった。一年たってこの作品は出来たと思うがそれでもまだ津波の跡はまざまざとある。そして今は雪が降っているのであるが白しと表現したことによって思いが通じた。作者は石巻の住所。本当に頑張ってと言いたくなった。（星野）

作者は宮城県の生徒ですから、東日本大震災の被災地の風景でしょう。まだ片付かない瓦礫《がれき》の山に積もった雪を見て、さまざまな感情が浮かんでくる。それを「今はただ」という一言に籠めたことで、いっそう痛切な思いが伝わってきます。（仁平）

地吹雪に肩寄せ合いて通う子ら　（山形県　齋藤直英　教諭）

外房の各駅停車雪催　（千葉県　渡貫千津子　教諭）

地吹雪のはるかに赤き日の落ちる　（岩手県　野島浩司　教諭）

除雪車の音が夜明けの知らせなり　（山形県　加藤明　教諭）

雪国の生活が、この一句でわかるような気がします。十七音でこれだけのことが言えるのは凄《すご》いことです。（星野）

雪国の朝は、まだ暗いうちに除雪車が動き出します。作者はその音で目を覚ましたのでしょう。白々と明けていく外の景色が、真っ白な雪とともに目に見えてくるようです。（仁平）

二日目の宿はひねもす吹雪なり　（東京都　鈴木富恵　教諭）

津軽路の吹雪に負けず通勤す　（青森県　中村友是　教諭）

学校に来ぬ子訪ねて雪の道　（岐阜県　今枝るり子　教諭）

長く欠席している生徒の様子を見に、家庭訪問に行くところでしょう。「雪の道」で大変だというのではありません。学校に来ないその子にも、いま自分が歩いている美しい「雪の道」を見せてあげたいと思っているのです。（仁平）

三学期雪合戦で始まりぬ　（ノルウェー　上村怜子　教諭）

風花《かざはな》　かぜはな

晴れている日に、どこからか風に乗ってきて舞う雪のことです。風の花とは、うつくしい名前ですね。なんでも、山に降った雪が飛んでくるそうです。青空が見えてくる季語です。

風花や晴天からの贈物　（愛媛県　飛鷹淳貴　高一）

冬夕焼《ふゆゆやけ》

寒夕焼《かんゆやけ》
冬《ふゆ》の夕焼《ゆうやけ》

冬の夕焼は、すぐに終わってしまいます。しかし、一気に燃え上がるはげしさがあり、空が、血のような赤に染まります。ほかに「寒夕焼」という呼び方もあります。「冬夕焼」というと色彩が、「寒夕焼」というと大気の冷たさがきわだちます。

ふたりして冬夕焼けにのまれけり

（茨城県　小川莉奈　高二）

地理

枯野《かれの》

雪野《ゆきの》
冬野《ふゆの》

枯れた野原のことです。草は枯れ、遠くに見える山々もわびしいすがたを見せています。枯野の道を「枯野道」、そこを歩いてゆく人を「枯野人」といいます。さみしい光景です。雪の降った野原を「雪野」といいます。そんな冬のすがたを見せる野原を「冬野」と呼びます。

先頭の子のかけ出して枯野かな

（愛媛県　佐藤文香　高二）

冬《ふゆ》の海《うみ》

冬《ふゆ》の浜《はま》
冬《ふゆ》の波《なみ》

冬の海は、くらく、寒く、荒々しい印象があります。海の色は、太陽や空の光によって作り出されるので、日差しの弱い冬はおのずと暗くなります。日本海、太平洋、瀬戸内海……海がちがえば印象も変わるでしょう。あなたの知っている冬の海は、どんな海ですか。

ふゆの海ひとりぼっちでおこってる

（鹿児島県　岩下彬　小一）

氷《こおり》

氷柱《つらら》
厚氷《あつごおり》

氷点下になると、水が凍って氷になります。さわるとかたくて冷たく、薄いものは踏むと割れます。水たまりなどの小さい氷もあれば、湖の水面など、広い範囲の氷もあります。屋根や岩などから、水がしたたり落ちて、棒のようになった氷を「氷柱」といいます。

登校の一番のりが踏む氷

（東京都　山本新　教諭）

もちろんその子より早く来ているのは作者の先生自身。子ども達への愛情を押さえた好句でした。

（星野）

校庭の水溜《みずたま》りが凍っているのでしょう。氷を踏んで割るのは気持ちよいものですが、これは「一番のり」の特権なのです。一句にいかにも得意そうなリズムがあります。（仁平）

足の先までも氷点下二十度

（北海道　葛西結香　教諭）

足の先まで冷たいというのは身体が感じる寒さで、氷点下二十度というのは客観的な気温の数字です。その二つを合体させてしまったところに、この句のおもしろさがある。五七五という俳句の定型は、こういう荒技もアリなのです。（仁平）

生活

冬休《ふゆやす》み

十二月二十五日ごろから一月八日ごろまで、二週間ほど、学校が休みになります。クリスマスや年末、お正月など、嬉《うれ》しい行事がふくまれるので、たのしみにしているひとも多いでしょう。どんなふうに過ごしたか、具体的に書いてみましょう。

冬（生活）

友達とけんかしたまま冬休み　（千葉県　赤堀未来　小六）

一年の内に長い休みはいろいろとありますが、正月、新年が入るのは冬休みだけ。やはりけんかしたまま年越しは気になりますよね。そこがこの句の良いところ。（星野）

本当は仲直りしたかったのに、とうとうできなかったのかもしれませんね。このまま一年が終わって、新年を迎えてしまうんだなあ、とちょっぴり後悔している……そんな複雑な表情が見えてきそうです。（石田）

冬休み明けて豊かな子どもたち　（茨城県　萩野谷孝雄　教諭）

家族と一緒に迎えたお正月で、子どもたちの体験したいろいろなこと。学校では学べないことを学んだのかもしれません。その子どもたちを眩しく感じる教師。あたたかい視線を感じる作品です。（石田）

蒲団《ふとん》

干蒲団《ほしぶとん》

眠るときにつかいます。布のなかに、綿や鳥の羽毛をつめてあります。蒲団は一年中ありますが、寒さをふせぐ意味あいが強いので、冬の季語です。昼間、干してある蒲団を「干蒲団」といいます。太陽の光をたっぷり浴びた蒲団は、とっても気持ちがいいですね。

全身を閉じこめてを(お)る蒲団かな

（愛媛県　井藤直樹　高二）

作者はようするに、寒くて朝なかなか蒲団から出られないのです。それは蒲団が「全身を閉じこめてをる」からだ、と言い張っている。俳句で言い訳をするなんて、隅《すみ》に置けません。「蒲団」が冬の季語として、その季節感をうまく表現しています。（仁平）

マフラー

襟巻《えりまき》
ショール

寒さをふせぐために、首に巻くものです。絹やウールなどの布や、毛糸でつくられています。きつねやうさぎの毛皮をつかったものもあります。また、手編みすることもあります。ちなみに「毛糸」「毛糸編む」も冬の季語です。色や素材、巻き方もいろいろありますね。

冬（生活）

マフラーで星の光を閉じ込める

（埼玉県　海老原昭太　中二）

手袋《てぶくろ》

皮手袋《かわてぶくろ》

冬は指先がかじかんで、冷たくなってしまいます。そんな寒さをふせぎ、あたたかさを保つために、手の指をおおうものです。布や皮、毛糸などでつくられます。机の上にぽつんと手袋がおいてあったりすると、ちょっとさみしい感じがします。

手袋をわざと忘れて手をつなぐ

（長野県　上條唯　高三）

マスク

風邪《かぜ》

白いガーゼなどでできていて、鼻と口をおおいます。冬には「風邪」がはやるので、うつってしまうのをふせぐためにマスクをかけます。また、寒さや乾燥をふせぐためにもつけます。風邪がはやると、街のなかでも、マスクのひとがふえます。

マスクして心配される心地良さ

（青森県　十枝内陽子　高二）

餅《もち》

餅《もち》つき

新年に、鏡餅やお雑煮にするために、年の暮れに餅をつきます。地域によって形がちがい、ふつう関西は丸い餅、関東は四角い餅にします。むかしはそれぞれの家で餅つきをしました。ビョーンと伸びる餅は、冬の風物詩ですね。

もち焼けば遠い祖父母の香りする

（沖縄県　梶村奈加　小五）

湯《ゆ》豆腐《どうふ》

鍋で豆腐をあたためて食べる料理です。豆腐を四角に切って、昆布《こんぶ》を敷いた湯に入れて煮立てます。昆布からはおいしいダシが出ます。あたたまったら、醬油《しょうゆ》やポン酢につけて食べます。しょうがや葱《ねぎ》などの薬味も欠かせません。熱いので、やけどをしないように。

湯どうふに初冠雪のたよりあり

（山形県　竹内裕一郎　教諭）

冬（生活）

焼《や》き芋《いも》

石焼《いしや》き芋《いも》

さつまいもを焼いたものです。さつまいもは秋の季語ですが、焼き芋は冬です。寒いなかで、あつあつの焼き芋を食べると、心のそこからほっとします。なかでも石焼き芋は香ばしくおいしいです。ほっくりと割ったときのこがね色は、食欲をそそります。

焼き芋をほおばる子らの輪に寄りぬ

（鳥取県　谷口昭子　教諭）

冬《ふゆ》の灯《ひ》

寒灯《かんとう》
冬《ふゆ》ともし

冬にともす灯のことです。心なしか光も冷たく見えます。「寒灯」ともいいます。より寒々しい感じがしますね。家の中の電球や蛍光灯、街灯やビルの窓のあかりなども、すべて冬の灯で表現できます。

寒灯やグリム童話の主人公

（愛媛県　二宮理歌　高二）

冬座敷《ふゆざしき》

障子《しょうじ》　ふすま

日本の家の冬の風景です。夏は涼しい座敷も、冬になると、風が入りこんで、底から冷えてくるような、寒々しい場所になります。ですから、「障子」や「ふすま」をしめきり、ストーブやこたつを出して、室内をあたたかくたもちます。

なんとなく中に寄り来て冬座敷

（愛知県　井畑有香　高二）

炬燵《こたつ》

暖炉《だんろ》　火鉢《ひばち》

日本の冬には欠かせない暖房器具です。こたつの蒲団《ふとん》の中にもぐりこむと、とってもあたたかいですね。こたつで鍋料理をしたり、みかんを食べたり、トランプをしたり。そのそばには、ストーブもあるでしょう。ほかに、暖炉や火鉢なども、暖房器具として愛されてきました。

ただいまと言ってこたつに入り込む

（兵庫県　井本日和　小五）

旧式のストーブ燃やす祖父の家

（秋田県　武田千波　中二）

冬（生活）

ストーブを囲み友情確かめる　（愛知県　田口舞佐　中二）

学校の休み時間でしょうか。それとも、みんなで行ったスキー教室でしょうか。仲良くストーブを囲んでいる仲間たちとの、楽しいひととき、ふと、胸が熱くなったのではないでしょうか。（石田）

ストーブの前にあつまる家族の手　（埼玉県　松宮浩子　中三）

ストーブもそうですが、家族のあたたかさがうまく十七音になりました。「手」が家族の絆《きずな》だと思います。（星野）

ストーブに手をかざす家族。一つのストーブに集まってきて、あらためて家族みんなでいられる幸せを感じたのでしょう。その「手」に焦点をあてたところが新鮮です。（石田）

ストーブを囲む子どもの輪に入る　（鳥取県　林敦司　教諭）

団欒を丸ごと包むこたつかな

（愛媛県　中川美奈　教諭）

日記買《にっきか》う

日記果《にっきは》つ

一年の終わりになると、その年につかっていた日記を書きおえます。年末に、日記を一冊書きおえることを「日記果つ」といいます。新年の一日目からは、あたらしい日記を書きはじめるので、年末にあたらしい日記を買っておくことを「日記買う」といいます。

半頁余白残して日記果つ

（茨城県　廣澤芳恵　高二）

半頁しか残らなかったということは、かなり書き込まれた日記でしょう。それだけに、わずかな「余白」が気になるのですが、もしかすると作者はあえてこの「余白」を残して、そのぶん来年への抱負を心の中に書き込んだのかもしれません。（仁平）

付けるとも決めかねている日記買う

（千葉県　清宮たつ子　教諭）

冬（生活）

冬（生活）

息白《いきしろ》し

白息《しらいき》

大気が冷えてくると、吐く息が白くなります。ひどいときには、室内でも白い息になることがありますね。息が白いということを「息白し」、吐いて白くなった息そのもののことを「白息」といいます。どんなときに、白息がとくに目立つでしょうか。

息白し君の背中が大きくて
（茨城県　中川さやか　高二）

息白し歩幅大きくなりにけり
（三重県　辻村知見　高二）

息白し今ならなんでも言えそうな
（沖縄県　吉永愛実　教諭）

行事

クリスマス

聖歌《せいか》
クリスマスツリー
クリスマスイブ
サンタクロース

十二月二十五日、キリストの誕生日です。聖歌を歌ったり、クリスマスツリーを飾りつけたりしてお祝いします。その前夜は「クリスマスイブ」。その夜、サンタクロースがプレゼントをもってきてくれるのを楽しみに、子どもたちはねむりにつきます。

クリスマスサンタは誰か確かめたい　（秋田県　芹田恭佑　小四）

弟はサンタが親と気づかない　（岐阜県　小森南奈　小六）

思わずくすっと笑ってしまった句です。サンタの正体を、お姉さんはもう知っているのですが、弟には内緒にしておくのですね。夢がこわれないように。かわいい弟です。（石田）

クリスマスすこしまぶしい家の中　（東京都　藤嶋大紀　小六）

クリスマスきれいな街が増えていく　（山口県　長岡美優　中一）

小さい子クリスマスだけ寝しずまる　（埼玉県　竹内司　中二）

クリスマス聖なる夜にキミのそば　（埼玉県　会田昂平　中三）

クリスマス玄関のかぎ開けておく　（沖縄県　儀武愛理　中三）

いつもはしっかり閉めておく玄関ですが、クリスマスはサンタが来るのではと思い、かぎを開けておくんですね。そんな期待感があふれています。沖縄のクリスマスはやはり寒いんでしょうか。　（星野）

そう、サンタクロースは、信じる人のところにはちゃんと訪ねてきます。リズムも

よく、作者のいきいきとした発想が読者にも楽しく感じられて、とても魅力的な作品になりました。（石田）

クリスマス手にいっぱいの貝殻を　（茨城県　荒沢彩　高二）

クリスマス今年も仕事入れました　（静岡県　長谷川友紀　高三）

黒板に消し忘れの絵クリスマス　（茨城県　植野康二　教諭）

数学の追試ありますクリスマス　（茨城県　清水順子　教諭）

動物

鷹《たか》

鳥のなかでも、強くてかっこいいイメージがあります。大きなからだと大きな羽をもち、野ねずみや小鳥などをつかまえて食べます。飛んでいるときも立派ですが、梢《こずえ》などにとまっているすがたもまた、威厳があります。どこかたのもしい感じもします。

関ヶ原鷹は一矢となりにけり

（愛媛県　宮本悠司　高二）

ふくろう　みみずく

ハリー・ポッターの相棒として、有名になりましたね。夜に活動して、野ねずみや昆虫をとらえて食べます。冬の夜、しずかな時間をすごしているときに、ホウ、ホウと、ふくろうの声がきこえてくると、おそろしく不吉な感じがします。

梟のふは《(わ)》りと止まる一枝かな

（青森県　橋本紫苑　高二）

鶴《つる》

凍鶴《いてづる》

首をつばさにうずめて、一本足で立ったままのようすを「凍鶴」といいます。あまりに動かないので、寒さで凍ってしまったのではないか、と見立てたのです。生きるためには耐えなければいけないときもある、ということを、身をもって教えてくれます。

静けさの中に一点鶴渡る

（愛媛県　達川千愛　中二）

白鳥《はくちょう》

大白鳥《おおはくちょう》
黒鳥《こくちょう》

冬に日本にわたってくる、大きな白い水鳥です。白いつばさをゆたかに広げて羽打つすがたは、ほんとうにうつくしいです。白くて首が長いので、気高くて優雅な感じがします。湖や河口などにいくと見られます。

白鳥が首をのばして風を切る

（長野県　唐澤ひかる　高一）

白鳥の呼びあう声が響く空

（青森県　石澤麻友子　高一）

白鳥は本当に美しく、また華やかです。そんな白鳥の声が寒い空に響いているのですが、呼びあっていると感じたのがこの一句の素晴らしいところです。青森県の風土も伝わってきました。（星野）

しっかりした写生の句です。「呼びあう」と「響く」という言葉が、「白鳥」に動きを与えています。何羽もの白鳥が、湖面に舞い降りる場面でしょうか。広々とした冬空の乾いた空気も、一句から伝わってきます。（仁平）

冬《ふゆ》の蠅《はえ》

冬に見かける蠅のことです。「蠅」は夏の季語ですが、冬でもあたたかい日に、ふらふらと飛んできたりします。動きはにぶく、どこかにじっと止まっていることもあります。

教室に職員室に冬の蠅

（愛知県　橋野勝吾　教諭）

植物

冬桜《ふゆざくら》

寒桜《かんざくら》

桜といえば春ですが、冬に咲く早咲きのものを「冬桜」といいます。とくに寒中に咲くのを「寒桜」ともいいます。「寒」という漢字が入るので、がんばって咲いている感じが強くなります。冬は寒くて家に閉じこもりがちですが、外へ出て、植物を探してみましょう。

夕暮れに光集めて冬桜

（茨城県　猪野克樹　高三）

蜜柑《みかん》

蜜柑山《みかんやま》
蜜柑狩《みかんがり》

こたつの上に、みかんがかごに盛っておいてある風景は、いかにも日本らしい冬の風情です。だいだい色の皮を手でむくと、中には房状の実が入っています。みずみずしくほどよく酸っぱく、甘さも感じます。冬を代表する果物です。

そばにいる祖母の笑顔と蜜柑かな

（青森県　伊藤一貴　中二）

別れ際気持ち分け合うみかんかな

（山口県　石田なつこ　中二）

落葉《おちば》

柿落葉《かきおちば》
朴落葉《ほおおちば》
銀杏落葉《いちょうおちば》

散った木の葉のことです。秋に紅葉した葉は、冬になると落葉になって散り、いちめんに落葉がしきつめられます。降りつもった落葉には、どこかなつかしい匂いがします。「柿落葉」や「朴落葉」、「銀杏落葉」などの種類があります。

おちばにはいっぱいいいろがあるんだね

（山形県　本間亮雅　小一）

冬枯《ふゆがれ》

枯《か》る

野原や川などが、冬になると枯れてしまった景色を見せます。そのようすを「冬枯」といいます。青い草も色とりどりの花もなく、景色には色がなくなります。「枯れ」だけでも季語になります。冬は、まさに「枯れ」の季節なのです。

冬枯の海岸線を走りけり

（愛媛県　福羅太成　高二）

冬（植物）

水仙《すいせん》

水仙花《すいせんか》

あたたかい土地の海岸近くに群れて咲きます。まっすぐな緑色の葉と、ささやくくちびるの形のような白い花は、冬の景色を凛《りん》と際立たせます。とてもいい香りがすることでも有名です。水仙を見つけたら、ぜひ近づいて香りを嗅《か》いでみてください。

水仙のふわりと香るがけの上

（福井県　廣田百恵　中三）

水仙に洗われている心かな

（大阪府　沖野裕香　高二）

冬萌《ふゆもえ》

冬木《ふゆき》の芽《め》

草の芽や木の芽などが、わずかながらでも、冬に萌え出ることを「冬萌」といいます。いちめん枯れている景色の中で、とつぜん緑に出合ったおどろきとよろこびがあります。寒い冬も、あたらしい春が来るための準備期間なんだということを感じます。

冬萌や頬赤くして縄跳ぶ子

（茨城県　谷中成以子　教諭）

冬（植物）

新年の句

時候

正月《しょうがつ》

お正月《しょうがつ》

一年の最初の月です。中国では、年のはじめを「正」と呼んだことから、正月といいます。正月には、みんながあつまって睦《むつ》みあうことから、一月のことを「睦月《むつき》」ともいいます。あたらしい年が来たということを、みんなでよろこびあうのです。

おかあさんとてもきれいだおしょうがつ
（愛媛県　出水真奈美　小一）

空気までみがいたようなお正月
（茨城県　生田目美里　小五）

お正月神社以外は静かだな
（青森県　笹本鈴乃真　小六）

玄関にくつがいっぱいお正月
（愛知県　岩瀬翔子　中一）

いかにも日本のお正月が伝わってきます。それは「くつがいっぱい」というところからでしょうか。にぎやかさがよく出ています。（星野）

お正月心の中も新しく

（青森県　豊島瑠可　高二）

初春《はつはる》

新春《しんしゅん》
迎春《げいしゅん》

新年のことを「初春」といいます。むかしの暦では、季節が来るのが一か月早かったので、一月から春だったのです。ですから、新年は文字どおり、春のはじめでした。「新春」「迎春」ともいいます。春が来たよろこびが表現できることばです。

初春の灯台の旗煌めけり

（三重県　北村佐知子　教諭）

元日《がんじつ》

元旦《がんたん》

一年のはじめの日、一月一日を「元日」といいます。初もうでに行ったり、雑煮とおせち料理を食べたりします。元日の朝を「元旦」といいます。

新年（時候）

元旦もいつもと同じ道歩く

（東京都　千葉匠　中二）

去年今年《こぞことし》

去年《きょねん》
今年《ことし》

一月一日になった午前零時をさかいにして、去年から今年にうつりかわることを「去年今年」といいます。「ああ、数時間前までは去年だったのに、もう新しい年になったんだなあ」という感慨をあらわした季語です。「去年」「今年」と別々につかうこともできます。

白々と粘土の乾き去年今年

（茨城県　門田典子　教諭）

合宿の灯の煌煌と去年今年

（愛媛県　櫛部天思　教諭）

天文

初空《はつぞら》

初日《はつひ》の出《で》

元旦の空を「初空」、元旦の日の出を「初日の出」といいます。

初日の出照れくさそうに顔を出す

（沖縄県　善平彩楓　中一）

初日の出光あふれる山と海

（埼玉県　加藤真波　中二）

初空へ羽ばたく鳥の背中追う

（沖縄県　新里愛夏　中二）

初空は元旦の空のことです。晴れて真っ青な空だったのでしょう。その空へ、一羽の鳥がさっと飛び立っていきました。その後ろ姿をいつまでも見つめていた作品で

しょう。新年を迎えて心を新たにしている思いがこもっています。（石田）

気がつけば頭の上に初日の出　（東京都　矢野仁実　中三）

初日の出家族そろって歩くみち　（愛媛県　服藤英里　中三）

地理

初景色《はつげしき》

元日の、淑気《しゅくき》にみちあふれた風景を「初景色」といいます。「淑気」とは、新年の世界にみちている、きよらかな気のことです。おごそかでめでたい雰囲気がただよっています。立派な山河だけではなく、いつも知っている町並みも、初景色と呼ぶことができます。

初景色子規の母校の大樹かな　（愛媛県　戸田政和　教諭）

生活

門松《かどまつ》

松飾《まつかざり》
飾松《かざりまつ》

新年を祝って、家の戸口や門前に、一対《つい》の松を立てます。神さまがやってくるときの目印にするためです。これが「門松」です。松だけのものもあれば、竹と一緒につくったものもあります。家々に門松が立っているのを見ると、新年の気分になります。

門松をかざる途中で塾に行く

（東京都　新田義久　中三）

注連縄《しめなわ》

飾《かざり》
お飾《かざり》

新年を祝ってかざるものを「飾」といいます。中でも、注連縄は、藁《わら》をなってつくったもので、神さまがいる場所をあきらかにするための飾です。神棚や門、戸口、井戸などにかざります。

沈む日のまっすぐに来る注連飾

（岩手県　石澤利男　教諭）

鏡餅《かがみもち》

御鏡《おかがみ》
飾餅《かざりもち》

神さまにお供えするためにつくった、餅の飾を「鏡餅」といいます。大きい餅と小さい餅を、ふたつかさねてお供えします。形が鏡のように丸いので、この名前がついたといわれています。どっしりとした存在感は、家の主のようです。

かがみもち一番上が末っ子だ

（京都府　西原希鈴　小五）

黙々と座り続ける鏡餅

（愛媛県　村上昌也　高二）

年玉《としだま》

お年玉《としだま》

新年になると、家族や親戚からもらいますね。いまではお金のことが多いですが、むかしはそれにかぎらず、新年の贈りもののことを、年玉といっていました。もらうときのもじもじ、あけるときのそわそわ、なにを買おうかのわくわくなど、嬉《うれ》しいものです。

おこられて二日おくれのお年玉

（鳥取県　大門すずな　小四）

妹が使いまくったお年玉

（鳥取県　大藪里美　小五）

一人旅夢見て貯めるお年玉

（宮崎県　志々目一希　中二）

年賀状《ねんがじょう》

賀状《がじょう》
年始状《ねんしじょう》

「年賀」というのは、元日から三日までの三が日に「今年もよろしくお願いします」と、新年のあいさつをすることです。その年賀の気持ちをしるしたのが、年賀状です。いつも会う友だちでも、あらたまってあいさつをしてみると、新鮮なものですね。

年賀状見てくれるかなとどくかな

（岩手県　田村渉真　小三）

年賀状朝早くから書く私

（福井県　渡辺諒太郎　小六）

年賀状を一枚一枚丁寧に書くのでしょう。それに、たくさん書かなくてはなりません。とても時間がかかるのです。「きょうは、年賀状を書く」と決心して、朝から机

新年（生活）

に向かいました。そんな自分を客観的に表現した大人っぽい作品です。書き上げた年賀状にも、心がこもっていますね。　（石田）

先生が宿題やれと年賀状　（青森県　高橋快人　中一）

年賀状ほしい人からまだ来ない　（茨城県　飯田真弘　中二）

気持ちのせポストに入れる年賀状　（山口県　辻利佳子　中三）

教え子の活躍うれし年賀状　（福井県　奥田健雄　教諭）

墨の香にもう一枚と賀状書く　（宮崎県　中園直子　教諭）

書《か》き初《ぞ》め

乗《の》り初《ぞ》め
初稽古《はつげいこ》
初電話《はつでんわ》
初写真《はつじゃしん》
読初《よみぞめ》
笑初《わらいぞめ》
泣初《なきぞめ》

新年になって、はじめて筆をとることを、書き初めといいます。たまたま書くというものではなく、きちんと用意して行ったものを指します。新年の抱負や、おめでたいことばを書くことが多いです。紙に筆をおろす瞬間は、どきどきしますね。ちなみに、お正月には、「○○初め」や「初○○」という季語がたくさんあります。書き初めのように、新年になってはじめてしたことを、そのように表現します。たとえば「乗り初め」は、新年はじめて電車や自動車、船、飛行機などの乗り物に乗ったことです。「初稽古」は、茶道や柔道、剣道などで、その年のはじめに行う稽古のことです。

のりぞめで船に酒まくお父さん
（愛媛県　山下七海　小四）

かきぞめのすみのにおいで背すじのび
（茨城県　渡辺葵　小五）

書き初めは心を静め一画目
（鳥取県　草刈彩花　小五）

書き初めの墨を磨る手の小ささよ　（福井県　垣内直美　教諭）

父が子に面を打たる る初稽古　（茨城県　渡辺吉一　教諭）

書き初めや子等の名前が躍動す　（岩手県　佐藤晃　教諭）

書き初めの作品が、壁いっぱいに貼られているのが目に浮かびます。筆づかいなど二の次で、どれも元気のよい大きな字ですが、とりわけ名前にその子の個性が表れている。そこに「躍動」を感じるのは、やはり先生の目なのです。（仁平）

初暦《はつごよみ》

新暦《しんごよみ》

あたらしい年の暦のことを「初暦」といいます。一年間の日をしるしたものを、むかしは暦といっていました。いまではカレンダーですね。新年になると、あたらしいカレンダーにかけかえます。まだなにも書きこまれていない紙が、まぶしく光ります。

各部屋のみなそれぞれの初暦

（茨城県　川俣美奈　高二）

独楽《こま》

凧揚《たこあ》げ
歌留多《かるた》
双六《すごろく》

正月には、遊びの季語もあります。「独楽」は、本体に長いひもを巻きつけて、ほうりだすようにしてまわす、おもちゃです。「凧」はもともと春の季語ですが、「凧揚げ」は新年の季語です。土手や広場などで凧をあげます。青空が見えてきますね。「歌留多」には、百人一首やいろはかるたなどがあります。どれも、ひとりでするより、みんなでするほうがたのしいですね。

こままわしまわったこまが手の上に

（沖縄県　赤嶺徳子　小四）

カルタ取り得意の札はひざの前

（千葉県　室岡里香　小六）

新年（生活）

初夢《はつゆめ》

初寝覚《はつねざめ》

一般的にお正月二日の夜に見る夢のことを初夢といいます。縁起のいい夢を見ると、一年間、幸せに暮らせるといわれています。「一富士、二鷹、三なすび」は、出てくるとめでたいものの順番です。あなたはどんな初夢を見ましたか。俳句にしてみましょう。

初夢に怒った顔のお母さん
（宮崎県　河添美樹　中二）

初夢や克服せよとピタゴラス
（愛媛県　宇都宮秋穂　中三）

行事

初詣《はつもうで》

初参《はつまいり》
初社《はつやしろ》

元日に神社にお参りすることです。あたらしい一年、どうかなにごともなく健康で過ごせますようにと、神さまにお願いします。遠くの神社まで行くこともあれば、家の近所の神社に歩いて行くこともあります。あなたはどんな初詣をしましたか。

新しい友の横顔初もうで
（京都府　小嶋芹香　中三）

いつまでも鳥居が見えぬ初詣
（愛媛県　兵頭健己　高二）

かまくら

秋田県南地方に伝わる、小正月の行事です。こんもりと雪を積んだら、それを踏みかためて、中をくりぬいて部屋をつくります。水神さまを祀《まつ》るのです。この日は子どもたちが、甘酒や餅をふるまいます。今では、雪国のひとつの景色としてポピュラーですね。

かまくらはぼくのへやより広いかも
（青森県　久保響　小二）

「かまくら」は、東北地方の小正月の行事。雪でつくった室《むろ》の中にはいってみると、思ったよりずっと広かったのでしょう。おどろいた気持ちがいきいきとつたわってきました。
（石田）

かまくらは親に内緒の秘密基地

（愛知県　和田明莉　中一）

かまくらの恋の話によばれけり

（青森県　下山夏葵　高二）

成人《せいじん》の日《ひ》

一月の第二月曜日は、成人の日です。国民の祝日のひとつです。日本では、二十歳になると、大人としてみとめられます。二十歳になった若者たちを祝う成人式には、男のひとはスーツを、女のひとは振袖を着て、式に参加することが多いです。

教え子の成人の日の空清し

（福井県　奥山勉　教諭）

植物

福寿草《ふくじゅそう》

黄金色の花を咲かせます。名前も、「福」「寿」と、めでたいですね。江戸時代から観賞用に鉢植えにされ、正月に花が咲くように栽培されています。かざると、玄関がぽっとあかるくなります。

幸せな一日の予感福寿草

（岩手県　成田不美　教諭）

教へ（え）子の嫁ぐ知らせや福寿草

（青森県　宮内香宝　教諭）

新年（植物）

俳句創作の五つのポイント

星野高士

一、読み手に伝わる表現の仕方——心情を入れて表現することの大切さ

俳句づくりのポイントは色々とありますが、中でも一番の基本は写生にあると言われています。写生とはまず物を見るということです。花を見るとか、山を見るとか、街を見るとか、まずは感動した情景を表現すること、次に詠《うた》う人の心情を入れて表現することが大切です。

例えば富士山という山を見ても、きれいだなと思う人もいれば、大きいな、高いなと思う人もいるでしょう。それぞれに見方、捉え方、感じ方があります。それが作者の感性です。俳句の場合、その感性を十七音の中でどこまで入れられるかが実はとても難しいとこ

ろです。それと、俳句は「座の文学」とも言われ、読み手の側に立つ必要もあります。

富士山を大きいと作者が思っても、読み手の人が共感しなければ駄目で、逆に富士山が大きいという感動が周囲に共感されると、どんどん周囲に伝播《でんぱ》し広がっていきます。いかに俳句に心情を入れ、読んだ人と一緒に感動を分かち合える俳句を作ることが出来るかどうか。それがいい句を生み出す秘訣です。そうなると、作者の心情、感性を磨き高めることが必要になってきます。

毎日の生活の中で普通にいつもどおりの習慣を無意識に積み重ねて生活しているだけでは、感性はなかなか磨かれるものではありません。ちょっとした変化に敏感に気づき、それを俳句にするようになると、季語を意識したり、自分の感動と向き合ったり、自然の中で共生する気持ちが自《おの》ずと持てるようになるでしょう。改めて自分のよさに気づいたり、自分の粗雑さに気づいたり、感性が非常に浮き彫りになって出てくるのです。

例えば女性は、主婦で子どもを育てたり、お料理を作ったり、色々と毎日忙しくしています。にんじんを切ったりねぎを刻んだり、それを俳句にしなさいと虚子は言いました。そういうところにもいいヒントがあるよ、と言うのです。「台所俳句」と呼ばれるもので、平々凡々と毎日を過ごすことよりも、その一つ一つの場を少し違った目線で捉えて俳句にすることによって、自分の人生に豊かさが生まれるのではないかと思います。

自分が俳句を作るという意識がどこかにないと、何に感動することもなく、一日はあっという間に終わってしまいます。水で手を洗っていても、お風呂に入っていても、どこか敏感になり、今まで気づかなかったところに目がいくようになります。そこが俳句をやっていて得するところだと思います。

ところが、今度は心情が入りすぎると、特に子どものこととか、親のことなどは、心情が入りすぎると、読んでいる方も同情だけで終わってしまいます。だから心情のバランスはあまり偏《かたよ》らないほうがいいと思います。このあたりは俳句を作りながら覚えていくものです。普通「情三景七」と言われます。情が三分、景色七分。ところが、どうしても人は心情が勝ってくるようで、景色は後まわしになりがちです。

作者の主張だけが強調されると、俳句としての感性の広がりが感じられない独りよがりの俳句になってしまい、みんなが読んで「いいなあ」というものにはなりません。ですから、俳句は読み手のことを考えられるようになったら一流なんです。

二、いい句を作ろうとあせらない——力まず平素どおり

俳句を作る際、何かいい句を作ろうとか、色々な気持ちが入るほど、つい肩に力が入るものです。俳句のプロと言われる人でも肩に力が入るのですが、実はその力の入り方がアマチュアの方とは違います。プロが力を入れるのは一瞬です。感動の瞬間を逃さず、集中して力を注ぐことが出来るため、それだけ無駄なく言いたいことを表現できるのです。

それがアマチュアの人の場合は、力が入ってしまうと、焦点が絞りきれなくなります。絞れないというより、本当に言いたい部分を言えなくなってしまいます。だからこそ、普段の気持ちでさらっと俳句を作れる状態の方が、視野が広がりいい句が出来るのです。一生懸命やらなければと思うほどに視野は狭くなりがちで、他のものが見えなくなってしまいます。

色々なものが見えないといい俳句が生まれづらいものです。一つの川を見ても、川しか見ていないのでは広がりがありません。その川の横に生えている草とか、川の上にある空とか、川の向こうにある農家とか、川のこちら側で蝶《ちょう》が飛んでいるとか。広い視野で見る

ことがいいのですが、力が入って力んでしまうと川しか見えない。そうすると、俳句自体はそれでも出来ますが、ありきたりの作品になってしまったりします。

力まないということは、いい俳句を生む一つの要素です。では、どうしたら力まずにいられるのか。平素どおりの気持ちを持てるか。俳句を作るときは、力まないこと、普段どおりに振る舞う心構えが少しでもあれば、力みは少し半減されると思います。

あとは普段から俳句を何度も作り、経験を重ねていくことです。例えばイチローだって何千本もノックをしながら、一打席にかけているわけです。それは修練とか、普段の色々なことによって解消できると思います。自分の努力が必要でしょうね。

俳句会や何かの大会となると、みんな力んでしまって結局は不自然になってしまう。だから余計な力が入る。例えば野球でもホームランを打ってやろうと力んで、結局空振りに終わることと同じです。

それよりも、来た球を打ったらホームランだったというように普段どおりの気持ちを保てるよう、いつでも気持ちを整えておくことを大事にしたいですね。見えてくる色々なものを見逃すことなく同時に見ることです。

また、居合い抜きのような一瞬の集中力は大事です。力むことよりも集中力を高める。そこを常に自分で心掛けるということです。

芭蕉の『奥の細道』を見ても、力まず、旅日記のように詠んでいます。あれがいいんです。でも芭蕉は帰ってからきっと発表するまで何回も推敲《すいこう》して、『奥の細道』を発表しています。力んだ句は捨てたんでしょう。口で言うのは簡単ですが、心情があって、なおかつ力まず自然体で俳句を作り、それを精査するとなると、実際にはとても難しいことだったのではないでしょうか。

この「りんり俳句大賞」も十年が経過し、子どもたちの句は割合と力みがない句が増えてきたように思います。力みは実践で覚える感覚的なところがあるので、一人だけで俳句を作り続けてもなかなか上手くはなりません。だから句会という形があるのです。知らない人たちと俳句を作り合い、無記名で提出し、それを皆で選んで勉強する。他人に句を見せることも大事だということです。

三、言葉の探し方――普段から心がけておくこと

私たちは毎日の生活の中で、言葉を使って色々なことをしています。言葉を話すこともあれば聞くこともあります。時には見たり読んだりもするでしょう。しかし、自分の記憶に残っている言葉はとなると、これがあまりないんです。ただ、大事な言葉はどこかに潜んでいると思います。だからその言葉の引き出しは誰もが持っています。引き出しというのは、開けて使って初めて意味を持ちます。しまいっぱなしでは引き出しの用をなしません。

俳句は、言葉ひとつで全然違う様相を見せます。「て・に・を・は」とはよく言いますが、これがひとつ違っただけで内容が大きく違ってきます。俳句は十七文字の世界で、なおかつそこに季語という確固たる主役がいます。季語で何文字かを占めてしまう訳ですから、それ以外で自分の心情を入れて景色も表すことを考えると、これはとても難しいという気持ちになります。そこで、やっぱり言葉というのが大事になってきます。長々とした言葉よりも、簡潔明瞭で新鮮味のある言葉を自分で探してみる。本来ならば自分で生んで

欲しいのですが、新しい言葉というと、これはないんです。新しい季語は生まれることはありますが。だから皆が使っている四季折々の季語、言葉を適材適所でどう使うか。それが言葉の引き出しの意味するところです。例えば電車に乗ってポスターを見るとか、色々な所で言葉を吸収することも必要ですし、何かのきっかけで今まで知らなかった新しい言葉を発見するというのも大事なのだと思います。

言葉を探すというのは、いつも心掛けていないと見逃すことにもなります。「言葉が出て来ないいんですよ……」などと言いますが、言葉が出ないというよりも言葉が見つからない。口に出す言葉でも書く言葉でも、蓄積というものが大事です。

また俳句は、「や・かな・けり」の切れ字があります。これで次の景色へ転換し、目に見えない時間がそこに生まれるすごい言葉です。無意味な言葉、あまり意味を持っていないような言葉が時に非常に力を発揮する場合があります。俳句では、普通の文章では要らないような言葉が、割合といい味を出すことになったりします。

それから、言葉の前兆になる地名や固有名詞も時に大きな意味を持ちます。例えば浅間山とか鎌倉とか信濃川とか。前後関係の中において一つの固有名詞とか地名が浮き出てくるようなものの場合は、言葉以上の効果を発揮します。これは浅間山だからよくて富士山では駄目だというような設定もある訳です。浅間山があったから浅間山、日光に行ったから日光、これでは日記や作文の類いになってしまいます。それを季語と一緒に組んで一つの詩につなげていく。それにはその言葉が非常に大事になってくるのです。

言葉は、表面的なところだけを真似るのではなく、その言葉を自分のものにして表現できるかどうかが肝心です。そうでなければ本物の力にはなっていかないでしょう。お酒で言うと仕込みの期間を大事にするとでも言いますか、言葉も熟成する期間が必要だということです。

また、言葉の表現の仕方も日本は一番難しいと感じます。同じ言葉を漢字、ひらがな、カタカナで書き分けられる国など他にはありません。例えば「薔薇」は、漢字とひらがなとカタカナの三つのうち、その俳句にはどれが合っているのか、その時々に違う装いがあり、答えは一つではありません。五七五の調べの中で、ここはカタカナにした方がいいとか、ひらがながいいという選択も必要です。同じ音でも、同じ意味でも漢字で書くのか、ひらがなでいいのか、それともカタカナかと考えること自体が面白いですよね。

四、様々な視点でものを見てみよう——見落としているもの

俳句の場合、これを詠みたいというものが結構ありますが、そういう俳句ほど人の感動を得られなかったりもします。それはなぜか。やはり自分本位な所が大きいのではないでしょうか。自分ではこれがいいなと思っても、他の人から見たら感動がないのです。

俳句は十七音と短いですから、その短い中で色々なことを言おうと詰め込んでしまうと、実は読んでいる方が息苦しい気持ちになります。そこでもっと精錬して無駄な言葉をそぎ落としていくことになります。俳句は省略の文学ですから、何かをどこかで削らなければなりません。概して自分の言いたいことは周囲には通じないものです。それ以外のことは通じることを思うと不思議なものです。

そこで出てくるのが高浜虚子の「客観写生」という言葉です。客観的に物を見ると、違ったものが見えてくるということです。例えば桜の花が咲き、桜を正面から見上げてみる。そして裏側から見てみるんです。時には横から見たらどうか、今度は斜めからというように様々な視点や角度でものを見ると、これがまた違うものが見えてきます。その中で

どれが一番いい角度なのかを言葉にして表現する。桜で言うと皆正面からは詠っているわけで、やっぱり見えない世界や見落としている部分をどうやって見つけるかが課題です。

高浜虚子は割合と無意味なものをよく詠っていました。

「石ころも露けきものの一つかな」

私の好きな句です。俳句の目で見なければ石ころは何も考えず蹴飛ばしてしまうような存在です。だから、石ころに普通はみんな目がいかないわけです。でも、これも虚子が詠っているように露の中のものです。これが皆見落としている部分です。普通に歩いていたとして、目の前にあるものを詠いこそすれ、誰も足元の石ころなんかに目もいきません。だからうんと目をそらすと、「あ、石ころが」となる訳です。その石ころ一つを詠うだけで、全部が見えるようになります。それは虚子がすごいこともありますが、そんな気持ちを持っていないと、見える部分だけで詠ってもいけない。見落としている誰もが見ないようなものに目を移すということが大事なのです。それによって、読んでる人も気づく。でも、基本的にその俳句がよくなければ、独りよがりになってしまいますが……。

五、続けることで、俳句は必ずうまくなる——継続は力

継続は力なり。このことはどの世界でも言われています。俳句の世界でも同様です。特に俳句を継続して作る意味は大きいと思います。俳句を初めて作ってみたとか、これからやろうとか、色々な人がいらっしゃると思いますが、そうした皆さんには是非継続して俳句づくりを続けて頂ければと願います。それは、何十年も俳句に親しみ創作している人は、その継続の中で周囲の人とどこかで違った世界を見たり聞いたり出来るようになると思うからです。

例えば、去年の桜を見てその時に詠んだ俳句と、今年の桜を見て詠んだ俳句とではどうでしょうか。季語は桜それ自体の変わりはありません。しかし、たった一年経過しただけでも、自分の年齢も積み重ねられますし、自分を取り巻く環境もまた変わっています。それが五年先、十年先となると違うのは当然です。その場所に咲く桜もまた、十年、二十年と月日が経過する中で毎年違う姿を見せることでしょう。

ゆえに、五年、十年で俳句を辞めてしまったのでは、その先を詠むことはできません。

私はそうした意味合いから一生を通じて俳句を創作するべきだと思っています。

今年で私も還暦を迎えました。今年見た桜とやがて七十歳、八十歳になった時に見る桜とでは、毎年同じようでいて違う桜との出会いが色々あるわけです。その度に新たな発見もあります。そんな時ほど俳句をやっていてよかったと思うはずです。そこにも俳句の魅力があります。だからこそ途中で諦めず、継続することが、どんな世界でも共通する肝心なところなのではないでしょうか。

しかしながら、俳句の世界は、その創作の途中で何度も壁にぶつかるものです。自分には才能がないんじゃないかとか、もうこれ以上やってもしょうがないとか。葛藤は成長の過程でたくさんあります。それでも、ふとした瞬間に閃《ひらめ》きがあったりします。それは継続する中でしか見えてはきませんし、その繰り返しが俳句創作の力になります。

例えば、習い事やお稽古事では形式が決まっています。年功序列的に段階を踏んで位が上がっていくものもあります。お茶会等は作法ですから今も昔もその作法自体は変わりません。流儀を学び、真似る中で自己を磨き高めるところがあります。

一方、俳句は感性を養い、技を磨く力が求められます。今の感性のままで、この先ずっと同じ作品を作っていても、そこには楽しみも喜びも見いだせないものです。毎日が違う作品が出てくる可能性を秘めているところに俳句の魅力があり、ふと気づいた時に十年経《た》って俳句を始めた時と全く違った感性を持てている自分に気づき、そこに喜びがあるのだと思います。

俳句は日々感動した瞬間をいかに切り取り写生し表現できるかが勝負です。明日になったら心変わりしてしまい何が心に映っているか分かりません。世の中も変わっていきますし、そこに人も関わりを持ちます。その中で表現されて生まれる俳句も当然変化し、全く違ってくるものです。

日々進歩の世界であると同時に、時に後退する人も沢山おられるかもしれませんが、決して途中で挫折はしないほうがいいと思います。太く短くより、細くても長くやっているうちにふと気が付いたら、全く違った感性の句が詠めるようになっているということです。それはその人の生活とか、色々なものの蓄積によって、作品の見方や感じ方が伝わってくるからで、それゆえに俳句は面白いのです。

ただ、俳句はなかなか自分に力が付いてきているかどうかが見えにくいものです。「私は力が付いているんでしょうか」。よく周囲の人からこう問われます。そこで私は「ちょっと今は調子悪いんじゃない？」とあえてアドバイスをすることがあるのですが、実は着実に力は付いているんです。自分で成長の手応えが感じられないと、もうやめようかと言う人は沢山いると思います。そこでやめたら駄目だよと私はよく言います。それは、ひょっとしたら、明日すごい句が作れるかもしれないからです。未来は誰にも予測は出来ません。

だから、継続は力というのは、うさぎと亀のかけくらべではありませんが、最後は亀に抜かれてしまうようなこともあるので、やっていればそのうちいいことがあるかもしれないということです。途中でやめてしまう人を引き止めるつもりはありませんが、それで力が出せずに終わるのは残念なことだということを言いたいのです。無駄なことは無いということです。

俳句鑑賞の勘所

仁平　勝

◆定型をどう生かすか

俳句は五七五の定型詩ですから、なによりも言葉が五七五のリズムにうまく乗ることが大事です。きどった言葉づかいは必要ありません。ふだん使われている言葉が、どれだけ五七五になじんでいるかで、句のよしあしは決まります。

たとえば比喩《ひゆ》や擬人法が、生徒たちの句によく登場します。でもそういう技法は、あくまでも二の次であって、俳句本来のおもしろさではありません。

逆にいえば、どうすれば言葉がうまく五七五にハマるかを考えることで、言葉の効果的な使い方ができるようになる。すくない言葉の組み合わせから、それぞれ個別の意味を越えた余韻が生まれてくる。そこに俳句の魅力があります。

はるがくる一年生もやってくる　佐藤愛莉（小二）

春が来れば、新しい一年生が入ってくる。「はる」と「一年生」をセットにしたところが手柄で、それが対句《ついく》になっています。でも作者は、そういう技法を最初から意識したのではなく、五七五に言葉をあてはめようとして、結果的にそうなったのです。

一年生が入ってくることで、作者は彼らの上級生になる。その嬉《うれ》しさが、春が来る嬉しさに重なってきます。さらに作者のなかでは、一年前に自分が入学してきたときの思い出がよみがえっているはずで、それが一句の余韻になっています。

大勢の中にまぎれる夏祭り　富岡凌平（中一）

先に「言葉の効果的な使い方」といいましたが、少ない言葉を効果的に使うには、省略がポイントになります。五七五という定型には、おのずから意味を補う装置が備わっているので、散文よりも大胆な省略が可能になる。この句は、その省略が効いています。

「大勢」は祭り見物の人たちであり、そこに「まぎれ」ているのは自分です。ふつう自分が「まぎれる」とはいわない。つまり作者は、自分も夏祭りの風景としてとらえているのです。そのことによって、祭りの混雑ぶりが映画の場面のように浮かんできます。

かまくらの恋の話によばれけり　　下山夏葵（高二）

うまい！　と思わず声が出てしまう一句です。かまくらの中で友達どうしが世間話をしているうちに、だれかが自分の好きな人を告白した。そこで場がいっきに盛り上がり、外にいた作者も「ねえ、ねえ、来てよ！」といって呼ばれたのです。

「かまくら」「恋の話」「よばれる」という三つの言葉だけで、かまくらという非日常的な空間の雰囲気が、そこまでの経過とともに伝わってくる。とりわけ「恋の話」という省略がうまい。五七五という制約があってこそ生まれた表現といえます。

もうひとつ、この句では「よばれけり」が効いています。初心者はふつう、その話をしているところを詠みますが（たとえば「恋の話に盛り上がり」とか）、「よばれけり」によって、かまくらの外も同時に見えてきて、しかも場面に動きが加わりました。

◆場面をどう切り取るか

そこで次のポイントは、俳句における場面の切り取り方です。

俳句は言葉の数が限られますから、どんな場面を切り取るかということが、作品の価値に大きく関わってきます。ふだんは気にもとめず見過ごしている風景が、短い言葉によって生き生きと立ち上がってくる。そこに俳句の価値があるわけです。

あるテーマ（あるいは主題となる季語）を詠むのに、いかにもそれらしい場面というのがあります。そういう句を示されると、思わず「ある、ある」と合いの手を打ちたくなる。そういう句に出会うのも俳句の楽しみです。

弟とせのびしてとるさくらんぼ　　矢野颯太郎（小三）

家族そろって、さくらんぼ狩りに行ったのでしょうか。さくらんぼの木は思ったより高くて、弟も自分も、背伸びしてやっと採ることができた。そのことが、いちばん作者の印象に残ったのでしょう。

この場面に「弟」を入れたことも、この句を成功させています。こういうばあい兄弟というのは、たがいにライバル意識が出てくるもので、相手より早くたくさん採ろうとする競争心と、なかなかうまく採れないあせりまで伝わってきます。

玄関にくつがいっぱいお正月　　岩瀬翔子（中一）

これはまさに、「ある、ある」といいたくなる場面です。外から帰ってきたら、玄関に靴がいっぱい並んでいた。親戚が訪ねて来たのか、あるいはお父さんの部下が年始のあいさつに来ているのか、たしかに正月の典型的な風景です。

これが「客がいっぱい」では、おもしろくもなんともない。「くつがいっぱい」といったことで、俳句らしい表現になっている。つまりここでは、「くつ」が年始客を象徴しているわけです。俳句のコツとして覚えておくといいでしょう。

水替えて金魚が水をまぶしがる　　山中なつみ（高二）

金魚を詠むのに、金魚鉢の水を替える場面を切り取ってきました。「金魚」は夏の季語ですから、この金魚鉢には、夏の強い日差しが当たっています。その日差しが、注がれる水に反射して、キラキラと光っているのでしょう。

ここで「金魚が水をまぶしがる」というのは擬人法ですが、それほど技巧的な感じはしません。作者自身が、新しい水をまぶしいと感じていて、きっと金魚もまぶしいだろうと思っている。そんな作者の気持ちが、金魚と一体になっている感じです。

走っても走っても凧まわるだけ　大久保愛理（小六）

技巧という意味では、こういう句の方が俳句として技巧的です。「走っても」という言葉の繰り返しや、最後を「だけ」で終わらせるところなど、なかなかうまいと思う。揚がらない凧《たこ》に、作者がイライラしている様子が伝わってきます。

凧上げを詠むのに、高々と揚がっている凧ではなく、凧を揚げるために走っているところを切り取ってみせた。しかも凧は思うように揚がってくれず、ただクルクルと回っている。そういうほうが、俳句的な場面になります。

あまり感情を出さないところが、川柳《せんりゅう》とは違った俳句なりの滑稽味です。

◆何に焦点を当てるか

俳句では、写生が大事だとよくいわれます。しかし「写生」といっても、そもそも言葉を使うわけですから、目の前にあるものをそのまま写し取ることなどできません。そこにはおのずから、作者の選択が入ってきます。

先のところでは、場面をどう切り取るかというポイントで句を見てきました。今度はさらに進んで、その場面のなかで何に焦点を当てるか、つまり作者の目の付けどころをポイントにして句を読んでみます。

おみこしの声だんだんと遠くなる　　岩下沙羅（小四）

一句のテーマは祭りです。祭りにはいろいろな題材がありますが、作者は「おみこし」を選びました。しかも、その「声」に目をつけたところがいい。「おみこしの声」はいうまでもなく、みこしをかつぐ人たちの「わっしょい」という掛け声です。

みこしは作者の前を通り過ぎて、少しずつ遠ざかっていくのですが、その遠ざかっていく様子を「声」で表現しています。「だんだんと遠くなる」というだけで、逆にその「声」がいつまでも聞こえてくる。省略も効いています。

ストーブの前にあつまる家族の手　松宮浩子（中三）

石油ストーブか、それとも薪《まき》のストーブか、いずれにしても大きなストーブです。家庭の中という感じはしないので、家族旅行したときの地方の駅か、あるいは田舎の家かもしれません。よほど寒かったのか、家族みんなでストーブにあたっているのです。

その場面で作者は、ストーブに差し出された「手」に焦点を当てました。これをたとえば「ストーブの前にあつまる家族たち」としたらどうか。全然おもしろくない。最後に置かれた「手」のひとことが、いかに効果的であるかわかります。

夕立のにおいを嗅ぐと眠くなる　金子僚太（高二）

これは「夕立」を詠むのに、その「におい」に目をつけました。いわれてみると、たしかに夕立には、熱気と冷気が入り混じったような独特のにおいがあります。

ここではその「におい」を描写するのでなく、「嗅《か》ぐと眠くなる」と詠んでみせた。これは実際に眠くなるわけではなく、においを嗅いだ感覚を比喩的に表現したと考えていいでしょう。急に涼しくなって、麻酔にでもかかった感じがよくわかります。

「おみこし」の句は聴覚、「ストーブ」の句は視覚、そして「夕立」の句は嗅覚《きゅうかく》というふうに、いろいろな感覚に焦点が当たっているのがおもしろい。もうひとつ触覚というか、肉体的な感覚の句も引いてみます。

ゆかた着る歩きにくさとうれしさと　今関琦乃（小六）

いまの女の子には、ゆかたは普段着というより、ちょっとしたおしゃれ着です。お祭りのときか、または花火見物に出かけるのか、きれいな模様のゆかたを着せてもらったのに、いつも着慣れてないのでちょっと歩きにくい。

そういう感覚を、すなおに詠んだところが成功しています。「歩きにくさ」を強調するのでなく、それを「うれしさ」と並べているのがいい。思わずニヤリとさせられる、なんともほほえましい句です。

◆季語をどう使うか（その一）

さて、いよいよ季語の話になります。俳句に季語が必要なことは、小学生から高校生までみんな知っているので（おとなは必ずしも知りませんが）、あえて後回しにしました。というのは、季語さえ入っていれば俳句になると思われては困るからです。

生徒が使う季語は、それほど種類が多くありません。でも生徒たちは、それぞれの季節にたいして、たとえば春は楽しく、夏はエネルギッシュで、秋は淋《さび》しく、冬は厳しいというふうに、おおまかな雰囲気を季節感として頭に入れています。

このことは、俳句の出発点として大切にしたいと思います。

春の風にん者のような人力車　石川賢太朗（小六）

「にん者のような人力車」というのは、観光地で人力車を引く人の恰好《かっこう》から、忍者を連想したわけです。小学生の男の子らしい発想で、なかなか個性的な表現ですが、これだけでは俳句になりません。それで、「春の風」を取り合わせたのです。

そのとき、春の風がそれほど印象に残ったとも思えません。人力車を見なければ、たぶん「春の風」は詠まれなかった。そこで「にん者のような」という比喩が浮かんだとき、忍者の軽やかな動きに「春の風」がふさわしいと感じたのです。

トランプを売るおじさんに冬の風　岩佐多紋（中一）

作者は中国の広州にある日本人学校の生徒なので、これは広州の街の風景でしょう。その街頭で、男の人がトランプを売っている。でも、あまり売れそうな気がしない。そんな場面を俳句にしようとして、「冬の風」という季語がふと頭に浮かんだ。

そのとき冬の風が吹いていて、自分に冷たく感じられたというより、その「おじさん」が寒そうだなと感じたのです。街頭でものを売るくらいだから、きっと生活も貧しいにちがいない。そういう作者感情が、「冬の風」という季語に反映しています。

分校の手紙に添える紅葉かな　木村沙央（高二）

この季語の使い方は、前の二句とは違います。分校から本校にあてた手紙に、紅《あか》く色づいた楓《かえで》の葉を添えたのです。手紙には「分校はもう紅葉の盛りです」と書いてあって、そのオマケということでしょうか。ずいぶんしゃれた通信です。

実際にそうしたのかもしれませんが、俳句としてはちょっとしたテクニックです。これが春の季節なら、下五《しもご》はたとえば「つくしかな」になる。ここでは「手紙」が主役で、季語はそこに文字通り季節感を添える脇役《わきやく》、といった仕掛けです。

自転車に手を振る別れ夕蛙　柏谷　泉（高二）

高校生ともなると恋の句が多くなりますが、これは好きな人との別れでしょう。別れといっても、放課後に自転車で帰っていく彼を見送っているのですが、作者としては、ここで春の夕暮という感じが出したいのです。

ならば、下五は「春夕べ」でもいいのですが、それでは平凡と考えたでしょうか。「蛙《かえる》」が春の季語であるのに気づいて、夕方に鳴く蛙をそこに取り合わせた。しきりに鳴き続ける「夕蛙」の声は、作者のせつない想いに重なって、なんとも効果的です。

こういう季語の使い方をされると、先生もタジタジですね。

◆季語をどう使うか（その二）

季語は季節感を表すだけでなく、しばしば比喩的な働きをします。ただしそれは、明確な比喩のかたちではなく、なにげなく働くところがミソです。そういう働きを生かすのに、一句のテーマとあまり関係ない季語を取り合わす方法もあります。

俳人はこれを「季語を離す」といいますが、生徒たちは俳句的な表現になじんでくると、この「季語を離す」詠み方がおもしろくなってくるようです。

つつじ咲く女ばかりの部活動　岡田知美（中三）

部室の脇につつじが咲いているのでしょうが、そういう風景描写だけでなく、「女ばかりの部活動」を「つつじ」にたとえています。運動部でなく、文化部という感じですが、そのにぎやかな盛り上がり方が、つつじの咲きっぷりと呼応しているのです。

放課後のクラリネットや小鳥来る　坂入一生（高二）

ブラスバンド部の練習風景でしょうか。「小鳥来る」は秋の季語で、いろいろな渡り鳥のことですが、楽器の練習とは関係ありません。でも「クラリネット」と組み合わせると、クラリネットの音色が小鳥の声に重なってくる効果が出てきます。

木の実降るときどき君は遠くなり　野間芽生香（高二）

ときどき木の実が落ちる。そのときふと、彼のことが遠く感じられたという。彼と二人で林の中を歩いているのかもしれませんが、ちょっと凝った場面設定です。「木の実降る」という季語が、なにげなく作者の心を暗示させる仕掛けになっています。「木の実落つ」という季語もあるのに、「降る」としたところが恋心です。

鉛筆の先は鋭く十二月　木村　聡（高三）

これはまたすこし違った技法です。暦の月をそのまま季語として使うことで、その月に特別な意味がないだけに、鉛筆の先が鋭いという単純なことの比喩になる。鉛筆の先の鋭さが、十二月のせっぱつまった気持ちを表すといった寸法です。

◆小学生らしい句

いい句の選び方は、その年齢にふさわしい感覚を評価してあげることも大事です。小学生には、おとなの視線とは違ったものの見方があり、しばしばわたしたちが気づかないような新鮮な発見があります。

おちばにはいっぱいいいろがあるんだね　本間亮雅（小一）

落ち葉というのは、ようするに枯れて落ちた葉だから、どれも枯れた色をしているに決まっている。けれどもよく見れば、黄色いのもあり、茶色いのもあり、赤いのもある。そういう発見が、そのまま素直に詠まれています。

はかまいり知らない人に頭さげ　根本実奈（小三）

お父さんもお母さんも、ふだんは知らない人にあいさつなどしないのに、墓参りのときは「知らない人」とすれちがうと、軽く頭を下げる。なるほど、これは気がつかなかった。

墓地の雰囲気がそうさせるのかもしれません。

これはまさに、「はかまいり」という季語の新しい解釈を与えてくれました。


おこられて二日おくれのお年玉　大門すずな（小四）

これは笑えます。俳句としても、「二日おくれ」というのがとてもいい。本来なら元旦にもらえるお年玉が、怒られたために三日になってしまった。親のほうでも、お年玉はやはり三が日のうちにあげないとまずいかな、と思ったわけです。

それこそ、親の心理が鋭くえぐられた一句といえるでしょう。


大雪がおこったようにふってきた　藤田紗英（小四）

俳句に比喩を使うばあい、うまいことをいおうとして、ときにウソっぽくなる。でもこの「おこったように」は、感じたとおりのことをそのまま詠んでいます。ものすごい大雪だったのでしょう。空を見上げたときのリアルな感覚が表現されています。

はげしい雪の降り方が、きっとお母さんの怒り方に似ていたのです。

◆中学生らしい句

中学生になると、思春期に入ります。自我が確立しはじめ、反抗期と呼ばれる年頃でもあります。俳句には、ちょっと突っ張った感じが出てくる。おとなに反発すると同時に、男子は男らしく、女子は女らしく見せようとする気持ちが見えます。

秋風が私を連れて旅に出る　中條瑞保（中一）

秋風に誘われて旅に出る、ということですが、ちょっときどって「秋風」のほうを主人公にしたわけです。自分は「秋風」に身をゆだねるという気分でしょうか。たんに秋の行楽シーズンというのでなく、思春期に特有の淋しさが感じられます。

その淋しさを、「秋風」という季語に投影したというところでしょうか。

髪はねて悪戦苦闘梅雨の朝　藤嶋優梨子（中一）

朝起きたら、髪に寝ぐせがついてしまっている。ドライヤーで直そうとしたのだが、なかなか思うようにいかない。女の子には登校前の一大事ですが、「悪戦苦闘」という四字熟語には、いくぶん自嘲《じちょう》の気持ちが入っている気がします。

雨の日は、とくに髪がまとまらない。そういう「梅雨の朝」です。

母の日に花束ひとつ置いて出る　西口さやか（中二）

小学生のときは、母の日というと得意になってカーネーションを贈ったのに、中学生になるとそれが照れくさくなる。そこで出かけるまぎわに、花束にメッセージを添えて、そっと（キッチンのテーブルあたりに）置いていったのです。

「出る」というぶっきらぼうな終わり方、いかにも照れくさそうで効果的です。

太陽に水鉄砲でけんかうる　今田航平（中二）

水鉄砲の水は太陽にとても届かないし、まして、けんかにはならない。その途方もない誇張に、いかにも中学生らしい発想があります。小学生だと、「けんか」にたとえることは思いついても、「うる」という言葉は出てきません。

◆高校生らしい句

高校生は、いうならば不完全なおとなです。おとなのようにものを考え、おとなのように恋をしたいと思いながら、おとなになりきれない年齢といえます。そして俳句には、どちらかというと、おとならしくふるまう自分が表現されます。

定位置にもう居ない祖父大晦日　林　和希（高一）

その年に祖父が亡くなったのですが、大みそかにあらためて、「もう居ない」ことを実感しているのです。「定位置」という言葉が、みごとに決まっています。大みそかの定位置というと、さしずめテレビが見やすいこたつの席でしょうか。

ジーンズの青さ深まる冬至かな　西橋朋子（高一）

青は寒色系ですから、冬の感じにはよく合いますが、それを「ジーンズの青」にしたところが高校生らしい。さらに「深まる」としたのは、一年で昼がいちばん短い「冬至」の感じを出したかったのでしょう。写生ではなくて、感覚的な表現なのです。

鉄拳で語る友情いま万緑　馬越　天（高二）

テレビの青春ドラマのパロディです。高校生がそういう青春ドラマを好むのは、ウソっぽいのを承知で、こんな「鉄拳で語る友情」を求めているからです。「いま万緑」という終わり方も、青春の真っ盛りという感じをうまく出しています。

食べかけのフランスパンや文化の日　悴田　彩乃（高三）

「食べかけ」と「文化の日」の対比には、飽食の時代という皮肉があります。でもそれより、「フランスパン」と「文化の日」の組み合わせにウイットが効いている。これが食パンでは、なまじ批判の意味が強くなって、俳句としておもしろくありません。

＊

できるだけ作品に即して「勘所」を示してきましたが、あらためて、うまい句が多いのに感心しました。先生たちも、負けずにがんばってください。

句会を開きましょう！

石田郷子

俳句の理解、楽しみや上達には句会に参加することが効果的です。ここでは、学校の授業中での開き方と、一般的な句会について紹介します。

一、授業で開く句会

二時限分九十分でのやり方です。一時限ずつ二回に分けた場合は、6以降の、作品を選ぶ作業はしなくてかまいません。その場合は、すべての句に対して、子どもたちに感想をもとめてから、作者に名乗ってもらいましょう（括弧内の時間は所要時間の目安です）。

全体の流れ

一時限目

1　有名句を一句示しながら、俳句の定義を説明する。
2　分かりやすく、共感を覚えそうな俳句を二句程度鑑賞する。　}（10分）
3　季語を身の回りで探す。（10分）
4　選んだ季語から思い浮かんだこと、感じたこと、思い出などを書き出す。（10分）
5　季語と、書き出したことばで、五七五の俳句に組み立てる。（15分）

二時限目

6　全員がすべての作品をよく読み、中からいいと思った句を選ぶ。（15分）
7　指導者の誘導のもとに、点数の入った句を全体で表彰し、その句について感想を述べ合う。（15分）
8　点が入らなかった句に関しても、指導者がすぐれていると思った点、惜しい点など、具体的に評し、次回の俳句づくりに意欲的に取り組める場づくりをする。（15分）

具体的な流れ

一時限目

1　有名句（古典句など）を一句示しながら、俳句の定義（定型と季語）を説明する。

ポイント

俳句の定義や鑑賞は、「これなら自分にもできそうだ」「面白そう、つくってみたい」と児童生徒が感じることが大切です。示す例句は、子どもの生活に関連したものがよいでしょう。またここでは、例句が歴史的仮名遣いのものは、現代仮名遣いを右に添えて示すやり方を示しましたが、年齢などを考慮して例句を選ぶことも肝心です。

例句は、歳時記などから選ぶとよいでしょう。有季定型の俳句を基本とします。

声に出して読ませ、音も含めて感じることから始め、意味が分かる、分からないにかかわらず、まずどのように感じたかなど、それぞれに発言させるなど、考えさせながら進めます。

【俳句の定義の説明例】

★俳句は、基本的に五七五のリズムを持った十七音の短い詩で、季語が一つ入る。

★江戸時代の頃から作られるようになった。

・古典句の例

雪とけて／村いつぱい《いっぱい》の／子どもかな　　小林一茶

【説明する内容】

★小林一茶は江戸時代の人。

★五七五の十七音になっている（ここでは音の区切りが分かりやすいように斜線を入れているが、通常は次頁にあるように続けて書くことにも触れる）。

★季語は、「雪とけて」＝「雪解《ど》け」で、春の季語。

★最後の「かな」は、「〜だなあ」というように、感動を表すことば（切れ字）で、俳句にはよく使われる。

★句の鑑賞　寒さの厳しかった冬がようやく終わり、雪国でも雪がとけてあたたかくなり、子どもたちが自由に外で遊ぶようになった情景を描いた。心待ちにしていた春だということがよく分かる。

2　分かりやすく、共感を覚えそうな俳句を一句程度鑑賞する。

> **ポイント**
>
> 例句は歳時記などから選びますが、本書に収録されているような、子どもたちの作った俳句を一句入れるとよいでしょう。まず、季語はどれか、問いかけながら示し、解釈や感想を自由に発言させます。

・現代の句の例

年上の子を呼び捨てに祭の子　　岩田由美

【説明する内容】

★岩田由美は一九六一年生まれの俳人。俳句は現代の人も作り続けている。

★季語は「祭」で、夏の季語。「夏祭」ともいう。祭はほかの季節にも行われるが、春は「春祭」、秋は「秋祭」など、区別されている。有名な京都の「葵祭」が夏に行われるため、夏の季語になったと思われる。

★句の鑑賞　「祭の子」は、祭に参加している子どものこと。年上の子どもを呼び捨てにする親しさも、祭ならではの熱気のあるふんいき。年代をこえた、子ども同士の交流が生き生きと描かれている現代の俳句。

・子どもの例句

はるがくる一年生もやってくる　佐藤愛莉（小学二年生）

【説明する内容】

★季語は「はるがくる（春来《きた》る）」で、春の季語。

★句の鑑賞　二年生になり、入学したときより体も心も成長したなあと、今までの自分を振り返っている。昨年は、上級生に迎えてもらった自分が、新一年生を迎える立場になった。誇らしく、嬉しい気持ちと、一年生を迎える、温かく、そしてひきしまるような気持ちとが、弾むような俳句の調べとともに、読者に伝わってくる。

3　季語を身の回りで探す。

ポイント

俳句は、ことがらに季語を取り合わせて作ることも、季語を見たり経験したりすることから発想を得ることもできます。

子どもたちにそれぞれの季語を選ばせ、その季語で俳句を作らせてみましょう。

【季語の見つけ方】

季語を見つけるには、いくつか方法が考えられます。

①本書二八一頁にある主要季語一覧を見ながら、最近見たもの、経験したことなどから、

当季の季語を探す（季語表をコピーして児童生徒に配るか、拡大コピーして張り出すとよいでしょう）。服装や食べ物、行事など、意外なものが季語になっていますので、新しい知識を得る楽しさも味わえます。また、室内でできるので、天候に関係なく句会の計画がたてられます。知らない季語についてあらかじめ先生に質問したり、調べたりできるので、その過程でもさまざまなことを感じるはずです。

②校庭など外に出て、木や草花、空の様子、風や雨などの気象などを、視覚だけではなく、音、匂い、また肌触りや手触りなど五感を使って観察し、季語一覧をもとに季語を探します。その季語に関して、気がついたことや印象をどんどん書きとめていきます。校庭の植え込みや花壇の植物や虫などの生きもの、また、風や雨、暑さや寒さなどの気象など、あらかじめそこにあるものを季語表に加えておくと、発見しやすくなります。また、一つのものにしぼって観察すると、俳句は作りやすくなります。

※俳句の知識のある先生であれば、季語表を使わずに、室内でも戸外でも多くの季語を探して示すことができます。その場合、子どもたちが、季語ではないかと思ったものを発言、質問させて、その場で季語かどうかを答えます。

たとえば、「日差しが強くて帽子をかぶってきた。帽子は季語かどうか」という場合、『帽子』だけだと季語ではありませんが、『夏帽子』ということばがあり、夏の季語になっています」、と教えることができます。

4　選んだ季語から思い浮かんだこと、感じたこと、思い出などを書き出す。

> **ポイント**
> 俳句に入れる季語を選び、経験や観察による印象、連想や感動など、思い浮かんだことを自由に書き出します。

（3の②の方法では、新しい発見や思いがけない印象など、すでに書きとめてあります）。

5　季語と、書き出したことばとで、五七五の俳句に組み立てる（一句もしくは数句）。

ポイント
いよいよ句作です。４をもとに五七五の十七音にまとめます。作者名が分からないように替名します。

なかなかまとめられない児童生徒は、指導者（教師）が手伝います。その場合は、定型にあまりこだわらず、不完全な短い文章でもかまいません。

作った作品をみんなで読み合えるように、画用紙などに清書して貼り出します。作者名は裏に書いておきます。黒板やボードに貼りきれなければ、壁を使います。作者名が分からないと、先入観のない、素直な感想を述べることができます。

一時限ずつ二回に分けて行う場合は、完成した作品を、短冊形《たんざくがた》の用紙などに書いて、記名して提出します。少人数の場合は、作る俳句の数を多くしてもかまいません。

ここで、一時限目終了です。

二時限を連続して使う場合は、**完成した作品を、画用紙などにマジックかサインペンで大きく清書し、全員が見える場所に貼る。**

連続の授業でないときは、提出された句を無記名で指導者が清記し、プリントを作成します。人数分をコピーしておいて、次の授業の時には6から行います。

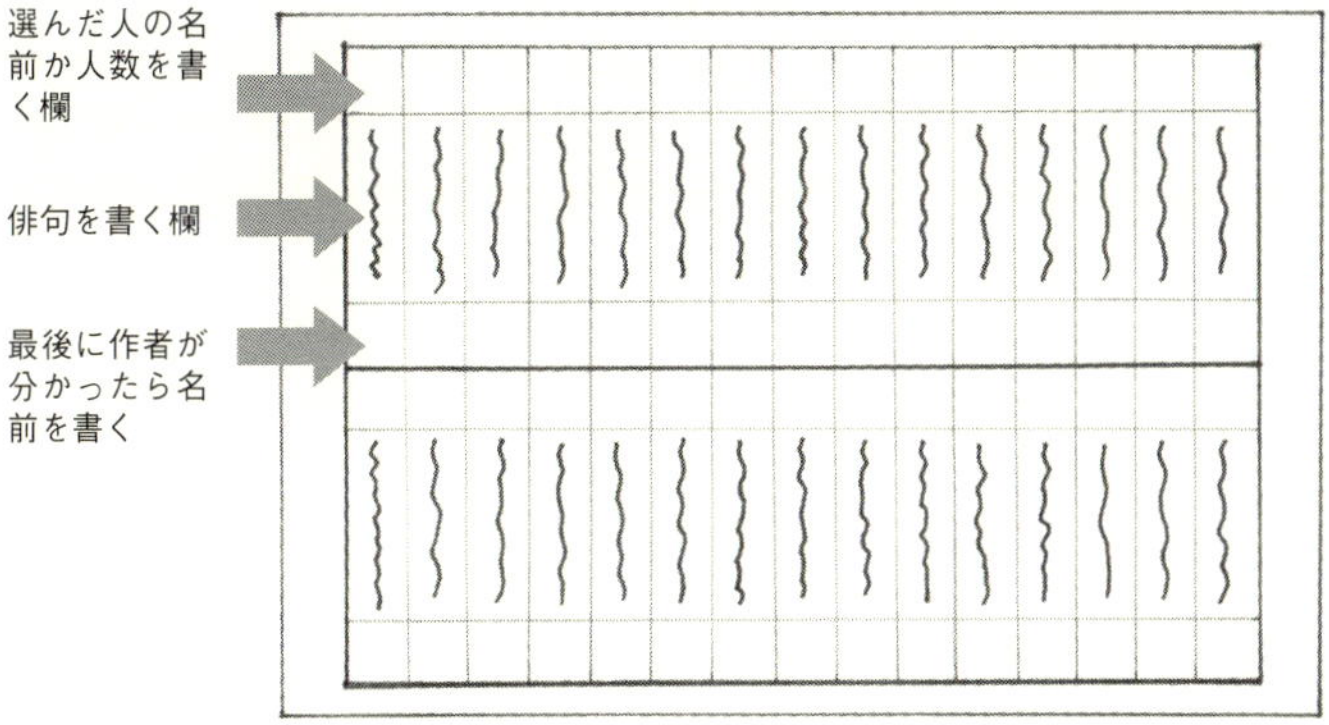

用意されたプリントから選ぶ場合　A3の用紙の縦２段に３つの欄を設けます。一番上は選んだ人の名前を書くか、「正」の字などで、選んだ人の人数が分かるようにします。

二時限目

6　全員がすべての作品をよく読み、中から
　　いいと思った句を選ぶ。

【張り出した場合】

児童生徒は、自分の作品以外で好きな句、面白い句、上手だと感じた句などを二句（提出句より一句多く）選びます。選んだ句の右の余白に○などの印、あるいは名前を書き込みます。

【用意されたプリントから選ぶ場合】

他の人の作った俳句から、いいと思う句を二句（提出句より一句多く）選び、発表します。そのとき、指導者は手元のプリントに点を盛ります。

全員の句を張り出した場合　ホワイトボードか黒板にマグネットなどで全員の句を張り出し、その右側にそれぞれが自分の選んだ句に○印か名前を書きます。

7　点数の入った句に対して、作者に名乗ってもらい、全体で表彰する。その句について感想を述べ合う。

得点のあった句について、どこがよかったかなど、感想を発言させてから、作者に名乗ってもらい、句の左側に名前を書き込みます。

つぎに、点を入れなかった句にも、「どちらにしようか迷った」「意味が分からなかった」など、感想や質問があれば発言させ、作者に名乗ってもらいます。

8　指導者は、点が入らなかった句に関しても、すぐれていると思った点、惜しい点など、具体的に評し、次回の俳句づくりに意欲的に取り組める場づくりをする。

最後に、作ってみてどう感じたか感想を子どもたちに問いかけます。指導者が、よかったところや惜しかったところなど具体的にコメントしながら、できるだけ多くの句にふれます。

実際には、子どもたちが選ばなかった句に、すぐれた句があることも多く、指導者は

「五七五の調べにのせていること」「よく観察していること」「〈きれいだな〉、〈おもしろい〉、など、直接的に感想を述べることばにたよらず、描写などによって美しさや面白さを表現していること」などを基準において、評価するようにしてください。

また、簡単な添削例を示すとよいでしょう。

最後には「難しかった」「面白かった」など、俳句を作った感想をききます。

なお、６以降の、作品を選ぶ作業はしなくてもかまいません。その場合は、すべての句に対して、子どもたちに感想をもとめてから、作者に名乗ってもらいましょう。

二、一般的な句会の開き方

俳句をはじめたら、ぜひ句会を開いてみましょう。

句会は四、五人の少人数から、数十人までが一般的な規模で、俳句を作って、作者が分からない無記名の状態で、お互いに作品を選び合い、感想や批評を述べ合って、作句の参考にする、という手順で進めるのが基本です。

句会では、他人の選句を参考にして、自分の作品を客観的に評価することができ、また他人の作品を解釈、鑑賞する力もつきます。

ここでは二十人程度までの小句会を想定して、説明します。

句会の手順

一般的な句会は次のような流れで行います。

①出句　俳句を専用の用紙に書いて無記名で提出する。
②清記　提出した俳句を、清記用の用紙に書き写す。

③予選　清記した用紙を回覧して、いいと思う句を候補句として書きとめてゆく。
④選句　決められた選句数にしたがって選考をする。
⑤披講　全員の選句を発表し、そのつど選ばれた句の作者が名乗る。
⑥合評　選ばれた句に対しての感想や批評を話し合う。

次にくわしく説明しましょう。

①出句

★作った俳句を、提出用の用紙に一句ずつ書き写して提出します。この用紙は、ふつう、「小短冊」と呼ばれる短冊形のものを使います。俳句が書きやすい大きさは、A4の用紙を横置きにして、縦に八等分したくらいの大きさです。

提出する俳句の数は、制限時間や、参加する人たちの力量を考慮して、句会ごとに決めます。二時間の句会で十人前後の参加者ならば、二句から五句程度がいいでしょう。

★ここで、提出する俳句について少し説明します。句会に出句する俳句には

・あらかじめ作ってきた俳句

・その場で、即興で作る俳句

の二通りがあります。

あらかじめ作ってきた俳句には、「題詠」（決められた題＝兼題を入れて作る。兼題は通常、その季節の季語が出されることが多い）と、「当季雑詠」（その季節の季語を入れて自由に作る）の二通りがあり、まったくの自由詠（題も出さず、季節にもこだわらず作る）という場合もあります。

即興で作る俳句にも、「題詠」と「嘱目」（その場で見たり体験したりしたことをテーマとして作る※）の二通りがあります。締め切り時間を決めておきます。

※嘱目で作る場合には、よく「吟行」という方法をとります。

「吟行」は、俳句を作るための取材の方法の一つです。

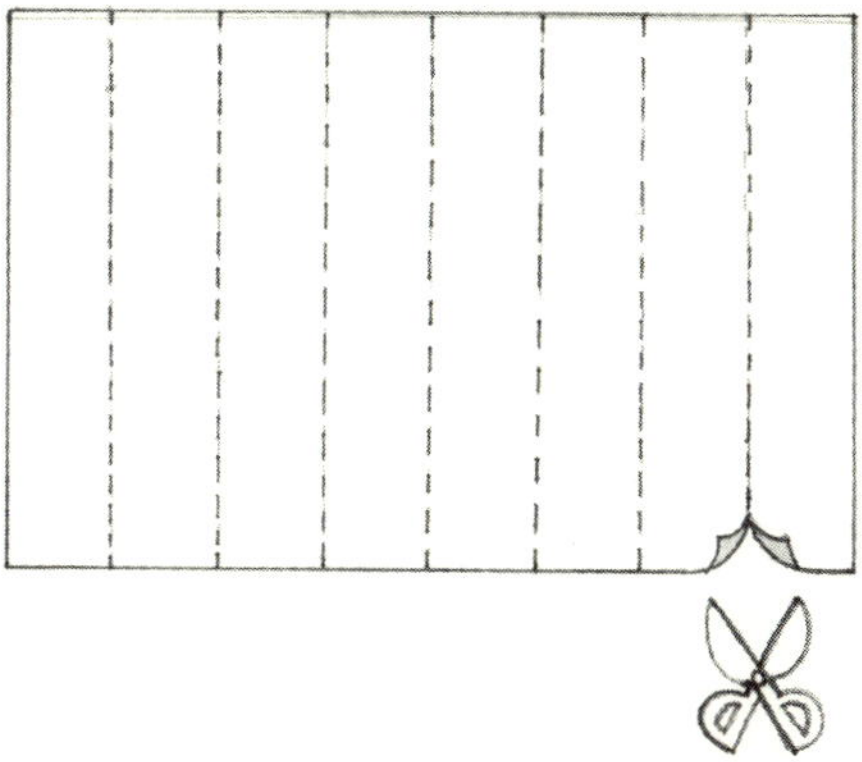

短冊　A4の用紙を横において八等分します。

景勝地などへ行って景色を楽しみながら歩いたり、文化財を鑑賞したりする場合もありますが、もっと身近なところ、たとえば、学校の校庭や、遊歩道、公園など、気軽に植物や生きものなどを観察できる場所でもできますし、商店街などの、ふだんの生活の場でも、生き生きとした面白い題材を見つけることができます。吟行の時間も、場合に応じて数十分でも、数時間でも可能です。

　手帳を携行して、メモを取りながら行くといいでしょう。

★小短冊に書いた俳句を、重ねずに一枚ずつ伏せて置きます。

　三句提出なら、三枚を並べて置きます。その上に別の人が、また一枚ずつ重ねて置きます。こうすると、

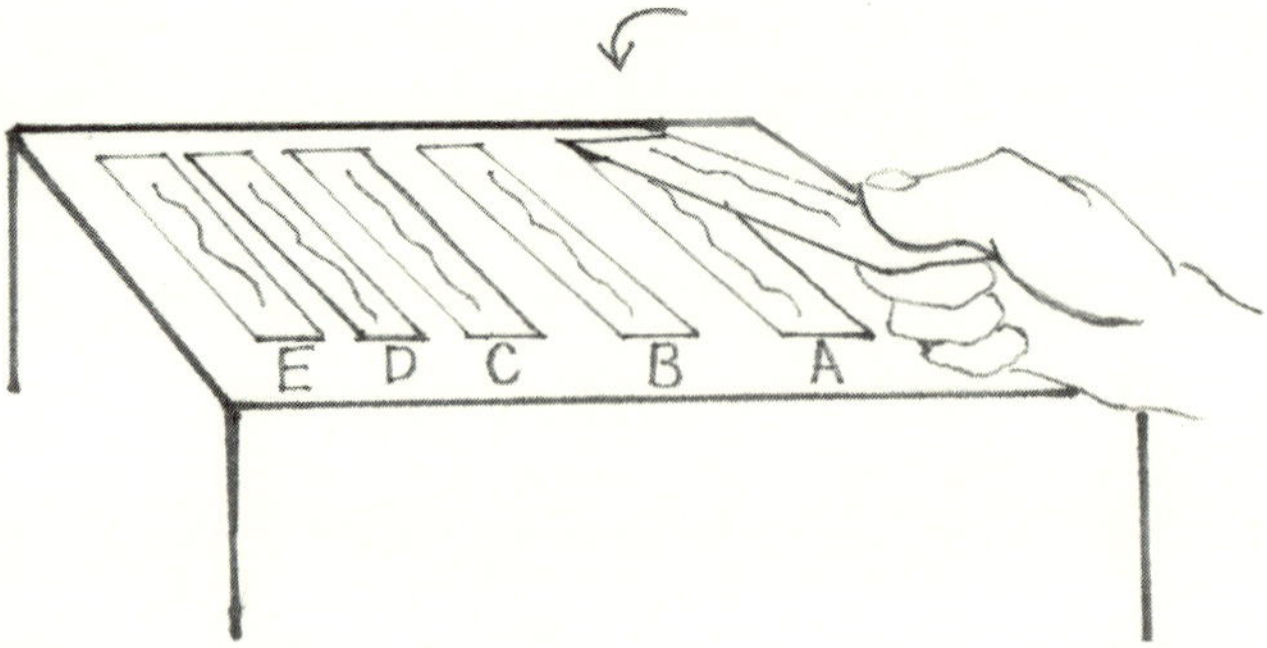

短冊の提出の仕方　５句の場合は５つの列にして、１枚ずつ違う列に置きます。

同じ人の俳句が重ならずに、三つの束ができます。

全員が提出し終わったら、そのまま束を重ね、上から三枚ずつ、全員に配ります。五句出句なら五枚、というように出句の数どおりに配ります。

②清記

★配りきったら、参加者全員が手元の短冊の句を、清記用紙に正確に書き写します。清記用紙は、なんでもよいのですが、俳句を並べて書いたとき読みやすいように、罫線を入れたものがいいでしょう。また、俳句の上下には空欄をもうけます。

★書き終えたら、短冊と見比べて、写し間違いがないかどうか確認します。明らかに作者本人の書き間違いがあったときも、通常はそのまま書き写しておきます。短冊は捨てずに句会の終了までとっておきま

清記用紙　受け取った短冊を清記します。右上にはあらかじめ通し番号をふります。

す。

★清記用紙の右上に、通し番号を記します。一番から左回りに、二番、三番と、それぞれが順番に自分の番号を声に出してみるといいでしょう。

③予選

★はじめに、句会の主催者や幹事が、何句選ぶかを決めます。出句と同数くらいが一般的です。

三句出句なら三句か四句選にするといいでしょう。

★清記用紙から、選びたい句を自分の予選用紙（ノートやメモ用紙）に書き写します。書き抜いた句の上には、清記用紙の番号を書き記します。見終わったら、右の人に清記用紙を送ります。

左の人から送られてきた清記用紙を、同じ要領で見て書き取ってゆきます。最後に自分が清記した用紙がまわってきたら、手元にとどめて、予選の終了です。

自分の句は選びません。

④選句

★予選にとった句から、さらに決められた数の句を選び、選句用紙に書き写し、その句のあった清記用紙の番号を上に記します（下図）。
書き終わった選句用紙は披講者に渡します。

⑤披講

披講する人は、参加者から集まった選句用紙を一枚ずつ読み上げてゆきます。

はじめに「○○選」と言ってから、清記の番号と、選ばれた句を声に出して読みます。ここでも、読まれた句の作者は、自分の名を名乗ります。句会によっていろいろですが、下の名前だけ名乗るか、俳号を名乗るとよいでしょう。俳号は、ペンネームのようなものですから、自分で好きな名をつけてかまいません。

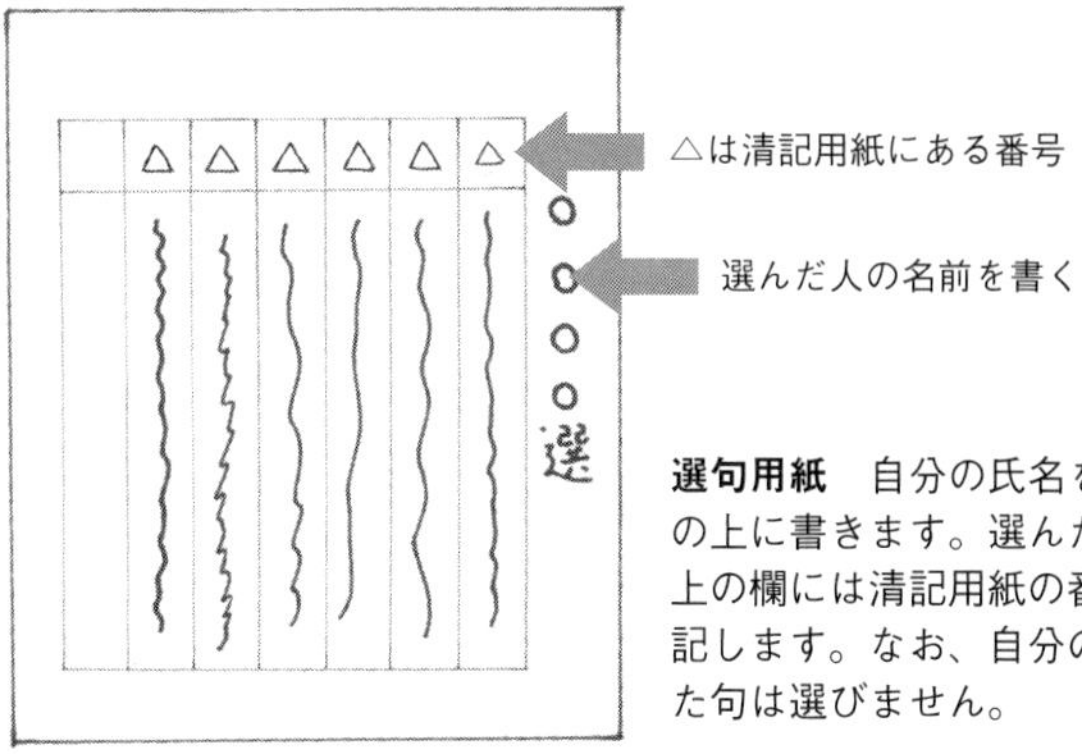

選句用紙　自分の氏名を「選」の上に書きます。選んだ句の上の欄には清記用紙の番号を記します。なお、自分の作った句は選びません。

また、披講の時は、それぞれの参加者が、手元にある清記用紙に「点盛り」をしてゆきます。点盛りは「正」の字や丸印など、何人の人がその句を選んだか分かるようにつけてゆきます。あらかじめ点盛りの仕方を決めておくようにします。

披講が終わったら、通常、句会の主催者や司会、または指導者の手元に清記用紙を集めて、合評に移ります。

⑥合評

伝統的な句会は、指導者の選句の「披講」をもって終わる場合が多く、最後に指導者のみが選評を述べることもあります。

合評は、参加者全員が、おもに点の入った句に対して、感想や批評、疑問点などを述べ合うことをいいます。このときには、進行役の司会者がいたほうがいいでしょう。

指導者の選句や、選評、参加者の批評などをよく噛《か》みしめて、俳句作りの参考にしてゆきましょう。

以上が、句会の基本的な開き方です。規模や参加者の経験などによって、句会の方法はさまざまに工夫されています。

主要季語一覧

春

立春（二月四日ごろ）から立夏（五月六日ごろ）の前日まで。陽暦ではほぼ二・三・四月にあたるが、陰暦では一・二・三月。九春は春九旬（九十日間）のこと。

【時候】

春《はる》
二月《にがつ》
立春《りっしゅん》
早春《そうしゅん》
冴《さ》え返《かえ》る
春寒《はるさむ》
余寒《よかん》
春《はる》めく
三月《さんがつ》
如月《きさらぎ》
啓蟄《けいちつ》
四月《しがつ》
春《はる》の朝《あさ》
あたたか
日永《ひなが》
花冷《はなびえ》
行《ゆ》く春《はる》

【天文】

春《はる》の日《ひ》
春《はる》の空《そら》
春《はる》の雲《くも》
春《はる》の月《つき》
朧月《おぼろづき》
春《はる》の闇《やみ》
春《はる》の風《かぜ》
風光《かぜひか》る
春《はる》の雨《あめ》
春《はる》の雪《ゆき》
春《はる》の虹《にじ》
霞《かすみ》
陽炎《かげろう》
春夕《はるゆ》焼《やけ》

【地理】

春《はる》の山《やま》
山笑《やまわら》う
水温《みずぬる》む
春《はる》の川《かわ》
春《はる》の海《うみ》
春泥《しゅんでい》
雪解《ゆきどけ》
薄氷《うすらい》
流氷《りゅうひょう》

【生活】

入学《にゅうがく》
卒業《そつぎょう》
遠足《えんそく》
春日《はるひ》傘《がさ》
目刺《めざし》
うぐいす餅《もち》
草餅《くさもち》
桜餅《さくらもち》
花《はな》の種《たね》
苗札《なえふだ》
海女《あま》
磯遊《いそあそ》び
野遊《のあそ》び
花見《はなみ》
ボートレース
凧《たこ》
しゃぼん玉《だま》
ぶらんこ
春《はる》の風邪《かぜ》
朝寝《あさね》
春眠《しゅんみん》
春愁《はるうれ》い

【行事】

建国記念日《けんこくきねんび》
雛祭《ひなまつ》り
エイプリルフール
春祭《はるまつり》
憲法記念日《けんぽうきねんび》
啄木忌《たくぼくき》

【動物】

春《はる》の馬《うま》
春《はる》の鹿《しか》
猫《ねこ》の恋《こい》
子《こ》猫《ねこ》
亀鳴《かめな》く
おたまじゃくし
蛙《かえる》
うぐいす
雲雀《ひばり》
燕《つばめ》
鳥雲《とりくも》に入《い》る
囀《さえずり》
鳥《とり》の恋《こい》
雀《すずめ》の子《こ》
鳥《とり》の巣《す》
白魚《しらうお》
蛍烏賊《ほたるいか》
さざえ
あさり
桜貝《さくらがい》
田螺《たにし》
やどかり
いそぎんちゃく
海胆《うに》
蝶《ちょう》
蜂《はち》
虻《あぶ》

【植物】

梅《うめ》
椿《つばき》
桜《さくら》
花《はな》
薔薇《ばら》の芽《め》
辛夷《こぶし》
沈丁花《じんちょうげ》
つつじ
こでまり
雪柳《ゆきやなぎ》
木蓮《もくれん》
藤《ふじ》
山吹《やまぶき》
夏《なつ》みかん
桃《もも》の花《はな》
林檎《りんご》の花《はな》
木《こ》の芽《め》
芽吹《めぶ》く
たらの芽《め》
柳《やなぎ》
猫柳《ねこやなぎ》
竹《たけ》の秋《あき》
デージー
アネモネ
フリージア
チューリップ
クロッカス
ヒヤシンス
菜《な》の花《はな》
葱坊主《ねぎぼうず》
レタス
ほうれん草《そう》
水菜《みずな》
春菊《しゅんぎく》
山葵《わさび》
春《はる》の草《くさ》
草萌《くさもえ》
すみれ
げんげ
クローバー
たんぽぽ
土筆《つくし》
犬《いぬ》ふぐり
ふきのとう
蓬《よもぎ》
若布《わかめ》
ひじき

夏

立夏（五月六日ごろ）から立秋（八月八日ごろ）の前日まで。陰暦では四・五・六月にあたる。九夏は夏九十日のことで、三夏は初夏・仲夏・晩夏の総称。

【時候】

夏《なつ》
初夏《しょか》
五月《ごがつ》
立夏《りっか》
薄暑《はくしょ》
麦《むぎ》の秋《あき》
六月《ろくがつ》
夏至《げし》
晩夏《ばんか》
七月《しちがつ》
夏《なつ》の朝《あさ》
短夜《みじかよ》
暑《あつ》し
涼《すず》し

【天文】

夏《なつ》の空《そら》
雲《くも》の峰《みね》
夏《なつ》の月《つき》
夏《なつ》の風《かぜ》
南風《みなみかぜ》
夏《なつ》の雨《あめ》
梅雨《つゆ》
夕立《ゆうだち》
虹《にじ》
雷《かみなり》
夕焼《ゆうやけ》
炎天《えんてん》

【地理】

夏《なつ》の山《やま》
夏野《なつの》
夏《なつ》の川《かわ》
夏《なつ》の海《うみ》
植田《うえた》
青田《あおた》
泉《いずみ》
滝《たき》

【生活】

夏休《なつやす》み
暑中見舞《しょちゅうみま》い
林間学校《りんかんがっこう》
更衣《ころもがえ》
浴衣《ゆかた》
水着《みずぎ》
サングラス
夏帽子《なつぼうし》
ハンカチ
柏餅《かしわもち》
豆《まめ》ごはん
冷《ひや》そうめん
冷奴《ひややっこ》
梅干《うめぼ》し
ソーダ水
かき氷《ごおり》
アイスクリーム
水《みず》ようかん
白玉《しらたま》
みつまめ
夏座敷《なつざしき》
噴水《ふんすい》
網戸《あみど》
ハンモック
冷房《れいぼう》
団扇《うちわ》
扇風機《せんぷうき》
風鈴《ふうりん》
日傘《ひがさ》

鮎釣《あゆつ》り
船遊《ふなあそ》び
登山《とざん》
キャンプ
泳《およ》ぐ
プール
夜店《よみせ》
花火《はなび》
ナイター
水遊《みずあそ》び
虫捕《むしと》り網《あみ》
草笛《くさぶえ》
裸足《はだし》
髪洗《かみあら》う
汗《あせ》
日焼《ひや》け
昼寝《ひるね》

寝冷《ねび》え
あせも

【行事】
こどもの日《ひ》
母《はは》の日
父《ちち》の日
祭《まつり》
桜桃忌《おうとうき》

【動物】
鹿《しか》の子《こ》
蝙蝠《こうもり》
ひきがえる
守宮《やもり》
とかげ
蛇《へび》

時鳥《ほととぎす》
郭公《かっこう》
燕《つばめ》の子《こ》
金魚《きんぎょ》
目高《めだか》
鯵《あじ》
うなぎ
水母《くらげ》
揚羽蝶《あげはちょう》
毛虫《けむし》
蛍《ほたる》
かぶと虫《むし》
天道虫《てんとうむし》
蟬《せみ》
蠅《はえ》
蚊《か》
ごきぶり

蟻《あり》
蜘蛛《くも》
なめくじ
かたつむり
みみず

【植物】
葉桜《はざくら》
薔薇《ばら》
紫陽花《あじさい》
木苺《きいちご》
青林檎《あおりんご》
さくらんぼ
枇杷《びわ》
バナナ
夏木立《なつこだち》
新緑《しんりょく》

万緑《ばんりょく》
ダリア
サルビア
向日葵《ひまわり》
百合《ゆり》
苺《いちご》
筍《たけのこ》
メロン
茄子《なす》
トマト
玉《たま》ねぎ
夏草《なつくさ》
青芝《あおしば》
どくだみ
捩花《ねじばな》
蛍袋《ほたるぶくろ》
黴《かび》

秋

立秋（八月八日ごろ）から立冬（十一月七日ごろ）の前日まで。陰暦では七・八・九月にあたる。三秋は初秋・仲秋・晩秋の総称。九秋は秋九十日間。

【時候】

秋《あき》
八月《はちがつ》
立秋《りっしゅう》
残暑《ざんしょ》
秋《あき》めく
九月《くがつ》
十月《じゅうがつ》
秋《あき》の朝《あさ》
秋《あき》の昼《ひる》
秋《あき》の暮《くれ》
秋《あき》の夜《よ》
夜長《よなが》
冷《ひや》やか
爽《さわ》やか
肌寒《はださむ》
夜寒《よさむ》
秋深《あきふか》し
行《ゆ》く秋《あき》
冬隣《ふゆとなり》

【天文】

秋《あき》の空《そら》
秋晴《あきば》れ
天高《てんたか》し
秋《あき》の雲《くも》
鰯雲《いわしぐも》
月《つき》
三日月《みかづき》
良夜《りょうや》
十六夜《いざよい》
十三夜《じゅうさんや》
星月夜《ほしづきよ》
天《あま》の川《がわ》
流《なが》れ星《ぼし》
秋《あき》の風《かぜ》
野分《のわき》
台風《たいふう》
雁渡《かりわた》し
秋《あき》の雨《あめ》
稲妻《いなずま》
秋《あき》の虹《にじ》
秋夕《あきゆ》焼《やけ》
霧《きり》
露《つゆ》

【地理】

秋《あき》の山《やま》
花野《はなの》
刈田《かりた》
水澄《みずす》む
秋《あき》の川《かわ》
秋《あき》の海《うみ》

【生活】

運動会《うんどうかい》
新米《しんまい》
夜食《やしょく》
栗飯《くりめし》
枝豆《えだまめ》
とろろ
新蕎麦《しんそば》
冬支度《ふゆじたく》
案山子《かかし》
稲刈《いねかり》
夜《よ》なべ
盆踊《ぼんおど》り
相模《さがみ》
月見《つきみ》
菊人形《きくにんぎょう》

【行事】

七夕《たなばた》
盆《ぼん》
墓参《はかまい》り
終戦日《しゅうせんび》
敬老《けいろう》の日《ひ》
秋祭《あきまつり》
赤《あか》い羽根《はね》
文化《ぶんか》の日《ひ》
子規忌《しきき》

【動物】

鹿《しか》
猪《いのしし》
渡《わた》り鳥《どり》
小鳥来《ことりく》る
燕帰《つばめかえ》る
せきれい
きつつき
雁《かり》
秋刀魚《さんま》
鮭《さけ》
秋《あき》の蚊《か》
秋《あき》の蝶《ちょう》
ひぐらし
とんぼ
虫《むし》
こおろぎ
鈴虫《すずむし》
きりぎりす
ばった
かまきり
蓑虫《みのむし》
芋虫《いもむし》

【植物】

木犀《もくせい》
実南天《みなんてん》
桃《もも》
梨《なし》
柿《かき》
林檎《りんご》
葡萄《ぶどう》
栗《くり》
ざくろ
無花果《いちじく》
胡桃《くるみ》
柚子《ゆず》
金柑《きんかん》
レモン
紅葉《もみじ》
黄落《こうらく》
木《こ》の実《み》
団栗《どんぐり》
銀杏《ぎんなん》
蔦《つた》
竹《たけ》の春《はる》
朝顔《あさがお》
鶏頭《けいとう》
コスモス
鬼灯《ほおずき》
鳳仙花《ほうせんか》
菊《きく》
西瓜《すいか》
南瓜《かぼちゃ》
糸瓜《へちま》
じゃがいも
さつまいも
芋《いも》
唐辛子《とうがらし》
生姜《しょうが》
稲《いね》
とうもろこし
落花生《らっかせい》
秋草《あきくさ》
草《くさ》の花《はな》
萩《はぎ》
芒《すすき》
葛《くず》の花《はな》
撫子《なでしこ》
いのこづち
曼珠沙華《まんじゅしゃげ》
桔梗《ききょう》
竜胆《りんどう》
露草《つゆくさ》
茸《きのこ》

冬

立冬（十一月七日ごろ）から、立春（二月四日ごろ）の前日まで。陽暦十一月・十二月と翌年の一月にあたる。三冬は初冬・仲冬・晩冬、九冬は冬期九十日間のこと。

【時候】

冬
初冬《はつふゆ》
神無月《かんなづき》
十一月《じゅういちがつ》
立冬《りっとう》
小春《こはる》
冬《ふゆ》あたたか
十二月《じゅうにがつ》
冬至《とうじ》
年《とし》の暮《くれ》
数《かぞ》え日《び》
大晦日《おおみそか》
一月《いちがつ》
冬《ふゆ》の朝《あさ》
短日《たんじつ》
冬《ふゆ》の暮《くれ》
冬《ふゆ》の夜《よ》
冷《つめ》たし
寒《さむ》し
三寒四温《さんかんしおん》
春近《はるちか》し
春《はる》を待《ま》つ
春隣《はるとなり》

【天文】

冬日向《ふゆひなた》
冬晴《ふゆばれ》
冬《ふゆ》の空《そら》
冬《ふゆ》の月《つき》
冬銀河《ふゆぎんが》
木枯《こがらし》
北風《きたかぜ》
隙間風《すきまかぜ》
時雨《しぐれ》
冬《ふゆ》の雨《あめ》
霰《あられ》
霙《みぞれ》
霜《しも》
雪《ゆき》
雪催《ゆきもよい》
初雪《はつゆき》
雪女《ゆきおんな》
風花《かざはな》
吹雪《ふぶき》
冬夕焼《ふゆゆやけ》
冬《ふゆ》の虹《にじ》

【地理】

山眠《やまねむ》る
枯野《かれの》
冬田《ふゆた》
冬《ふゆ》の水《みず》
冬《ふゆ》の川《かわ》
冬《ふゆ》の海《うみ》
霜柱《しもばしら》
氷《こおり》
氷柱《つらら》

【生活】

餅《もち》つき
忘年会《ぼうねんかい》
冬休《ふゆやす》み
蒲団《ふとん》
着《き》ぶくれ
毛皮《けがわ》
毛布《もうふ》
セーター
コート
冬帽子《ふゆぼうし》

マフラー
手袋《てぶくろ》
マスク
餅《もち》
葛湯《くずゆ》
湯豆腐《ゆどうふ》
雑炊《ぞうすい》
焼《や》き芋《いも》
寄《よ》せ鍋《なべ》
おでん
たくあん
雪掻《ゆきか》き
冬《ふゆ》の灯《ひ》
冬座敷《ふゆざしき》
絨毯《じゅうたん》
暖房《だんぼう》
ストーブ

炭《すみ》
炬燵《こたつ》
湯《ゆ》たんぽ
日記買《にっきか》う
焚火《たきび》
火事《かじ》
竹馬《たけうま》
スキー
スケート
ラグビー
風邪《かぜ》
湯《ゆ》ざめ
咳《せき》
くしゃみ
息白《いきしろ》し
かじかむ
日向《ひなた》ぼこ

【行事】

七五三《しちごさん》
勤労感謝《きんろうかんしゃ》の日《ひ》
柚子湯《ゆずゆ》
クリスマス

【動物】

熊《くま》
冬眠《とうみん》
狐《きつね》
狸《たぬき》
いたち
兎《うさぎ》
鯨《くじら》
鷹《たか》
冬《ふゆ》の鳥《とり》
ふくろう

水鳥《みずどり》
鴨《かも》
鶴《つる》
白鳥《はくちょう》
鮫《さめ》
鮪《まぐろ》
鰤《ぶり》
河豚《ふぐ》
牡蠣《かき》
冬《ふゆ》の蠅《はえ》
綿虫《わたむし》

【植物】

冬桜《ふゆざくら》
冬薔薇《ふゆそうび》
寒椿《かんつばき》
山茶花《さざんか》

ポインセチア
蜜柑《みかん》
木《こ》の葉《は》
落葉《おちば》
枯木《かれき》
冬枯《ふゆがれ》
水仙《すいせん》
葉牡丹《はぼたん》
万両《まんりょう》
白菜《はくさい》
葱《ねぎ》
大根《だいこん》
人参《にんじん》
蕪《かぶ》
枯草《かれくさ》
冬《ふゆ》すみれ
冬萌《ふゆもえ》

新年

年の始め。陰暦正月は春の初めであるから初春と言うが、正月の意に転用して、陽暦一月にも用いている。

【時候】

正月《しょうがつ》
お正月《しょうがつ》
新年《しんねん》
あらたま
年始《ねんし》
年明《としあ》ける
初春《はつはる》
新春《しんしゅん》
今朝《けさ》の春《はる》
睦月《むつき》
今年《ことし》
去年《こぞ》今年《ことし》
元日《がんじつ》
去年《きょねん》
旧年《きゅうねん》
初昔《はつむかし》
元旦《がんたん》
大旦《おおあした》
三《さん》が日《にち》
二日《ふつか》
三日《みっか》
四日《よっか》
五日《いつか》
七日《なのか》
人日《じんじつ》
松《まつ》の内《うち》
松過《まつす》ぎ
小正月《こしょうがつ》
女正月《おんなしょうがつ》

【天文】

初空《はつぞら》
初御空《はつみそら》
初日《はつひ》
初日《はつひ》の出《で》
初明《はつあか》り
初東雲《はつしののめ》
初茜《はつあかね》
初晴《はつばれ》
初東風《はつごち》
初風《はつかぜ》
初凪《はつなぎ》
御降《おさが》り
初霞《はつがすみ》
淑気《しゅくき》

【地理】

初景色《はつげしき》
初富士《はつふじ》
若菜野《わかなの》
初山河《はつさんが》

【生活】

若水《わかみず》
騎馬始《きばはじめ》
弓始《ゆみはじめ》
門松《かどまつ》
注連縄《しめなわ》
飾《かざり》
鏡餅《かがみもち》
飾《かざ》り海老《えび》
お年玉《としだま》
年賀《ねんが》
年賀状《ねんがじょう》
書《か》き初《ぞ》め
初硯《はつすずり》
読《み》み初《ぞ》め
仕事始《しごとはじめ》
初旅《はつたび》

乗《の》り初《ぞ》め
初電車《はつでんしゃ》
初《はつ》飛《ひ》行《こう》
初市《はついち》
初商《はつあきない》
初荷《はつに》
買《か》い初《ぞ》め
新年会《しんねんかい》
初《はつ》句《く》会《かい》
鏡《かがみ》開《びら》き
年木《としぎ》
獅《し》子《し》舞《まい》
猿《さる》回《まわ》し
春着《はるぎ》
屠《と》蘇《そ》
大福茶《だいふくちゃ》
雑煮《ぞうに》

雑煮《ぞうに》餅《もち》
太箸《ふとばし》
数《かず》の子《こ》
田《た》造《づく》り
俎始《まないたはじめ》
初手水《はつちょうず》
掃《は》き初《ぞ》め
初暦《はつごよみ》
初湯《はつゆ》
初刷《はつずり》
初写真《はつしゃしん》
初便《はつだよ》り
初電話《はつでんわ》
笑《わら》い初《ぞ》め
泣《な》き初《ぞ》め
初鏡《はつかがみ》
初髪《はつがみ》

初日記《はつにっき》
縫《ぬ》い初《ぞ》め
初釜《はつがま》
鍬始《くわはじめ》
歌《か》留《る》多《た》
双《すご》六《ろく》
福《ふく》笑《わら》い
羽《は》子《ご》板《いた》
手《て》鞠《まり》
独《こ》楽《ま》
凧《たこ》揚《あ》げ
福引《ふくびき》
初稽古《はつげいこ》
弾《ひ》き初《ぞ》め
初芝居《はつしばい》
初夢《はつゆめ》
宝船《たからぶね》

寝正月《ねしょうがつ》

【行事】

初詣《はつもうで》
破《は》魔《ま》矢《や》
餅花《もちばな》
初神楽《はつかぐら》
左《さ》義長《ぎちょう》
かまくら
初場《はつば》所《しょ》
なまはげ
初《はつ》弥《み》撒《さ》
成人《せいじん》の日《ひ》

【動物】

嫁《よめ》が君《きみ》
初鶏《はつどり》

初声《はつこえ》
初《はつ》うぐいす
初雀《はつすずめ》
初鳩《はつはと》
初鴉《はつがらす》
伊《い》勢《せ》海《え》老《び》

【植物】

楪《ゆずりは》
歯《し》朶《だ》
裏白《うらじろ》
福寿草《ふくじゅそう》
若菜《わかな》
若菜《わかな》摘《つ》み
なずな
御行《ごぎょう》
仏《ほとけ》の座《ざ》

参加校一覧

【北海道】
滝川市立滝川東小学校
旭川市立緑新小学校
函館市立中の沢小学校
室蘭市立絵鞆小学校
旭川市立神居中学校
旭川市立北星中学校
江別市立江陽中学校
小樽市立忍路中学校
富良野市立富良野西中学校
札幌市立厚別北中学校
札幌市立光陽中学校
札幌市立平岡緑中学校
滝川市立開西中学校
函館市立宇賀の浦中学校
東川町立東川中学校
立命館慶祥中学校
旭川東高等学校
中川商業高等学校

【青森県】
十和田市立十和田湖小学校
八戸市立根城小学校
八戸市立白鷗小学校
八戸市立吹上小学校
八戸市立湊小学校
むつ市立大平小学校
風間浦村立蛇浦小学校
青森市立沖館中学校
青森市立甲田中学校
八戸市立明治中学校
弘前市立相馬中学校
弘前市立第二中学校
弘前大学教育学部附属中学校
むつ市立大湊中学校
むつ市立脇野沢中学校
大湊高等学校
三本木高等学校
七戸高等学校
柴田女子高等学校
田名部高等学校大畑校舎
十和田西高等学校
六戸高等学校
八戸水産高等学校
八戸西高等学校
三沢高等学校

【岩手県】
一戸町立鳥越小学校
軽米町立山内小学校
久慈市立枝成沢小学校
久慈市立小久慈小学校
葛巻町立江刈小学校
葛巻町立葛巻小学校
葛巻町立星野小学校【閉校】
遠野市立鱒沢小学校
奥州市立赤生津小学校
奥州市立白鳥小学校
滝沢村立篠木小学校
盛岡市立城内小学校
盛岡市立大慈寺小学校
洋野町立角浜小学校
滝沢村立一本木中学校
宮古市立第一中学校
盛岡市立渋民中学校
一戸高等学校

【宮城県】
七ヶ宿町立関小学校
白石市立南中学校
聖ウルスラ学院英智中学校
仙台市立五橋中学校
古川学園中学校
石巻市立女子商業高等学校
石巻商業高等学校

【秋田県】
大仙市立大川西根小学校
八峰町立岩子小学校【閉校】
秋田市立御所野学院中学校
秋田市立下北手中学校
男鹿市立男鹿南中学校
三種町立琴丘中学校

【山形県】
鶴岡市立朝暘第五小学校
鶴岡市立大山小学校
鶴岡市立栄小学校
鶴岡市立西郷小学校
米沢市立東部小学校

鮭川村立鮭川中学校
新庄市立萩野中学校
東根市立第一中学校
舟形町立舟形中学校
山形東高等学校

【福島県】
いわき市立上遠野小学校
相馬市立大野小学校
福島市立福島第三小学校
郡山市立行健中学校
郡山市立郡山第三中学校
郡山市立西田中学校
下郷町立下郷中学校
須賀川市立仁田井中学校
須賀川市立小塩江中学校
西郷村立川谷中学校
あさか開成高等学校

【茨城県】
阿見町立阿見第一小学校
石岡市立石岡小学校
石岡市立瓦会小学校
石岡市立関川小学校
潮来市立潮来小学校
潮来市立津知小学校
茨城町立川根小学校
牛久市立中根小学校
小美玉市立竹原小学校
小美玉市立玉里北小学校
笠間市立友部小学校
笠間市立箱田小学校
かすみがうら市立安飾小学校
河内町立金江津小学校
境町立静小学校
桜川市立紫尾小学校
下妻市立大宝小学校
常総市立岡田小学校
常総市立三妻小学校
城里町立七会東小学校
つくば市立竹園西小学校
つくば市立並木小学校
つくばみらい市立十和小学校
土浦市立都和南小学校
土浦市立山ノ荘小学校
行方市立太田小学校
行方市立要小学校
常陸太田市立小里小学校
常陸太田市立金郷小学校
常陸太田市立機初小学校
常陸太田市立久米小学校
常陸太田市立郡戸小学校
常陸太田市立世矢小学校
常陸太田市立幸久小学校
土浦市立上大津東小学校
常陸大宮市立大宮西小学校
常陸大宮市立檜沢小学校
日立市立成沢小学校
水戸市立上中妻小学校
水戸市立堀原小学校
美浦村立木原小学校
結城市立絹川小学校
龍ヶ崎市立川原代小学校
桜川市立真壁小学校
石岡市立有明中学校
石岡市立城南中学校
笠間市立岩間中学校
かすみがうら市立北中学校
かすみがうら市立下稲吉中学校
神栖市立神栖第一中学校
神栖市立波崎第四中学校
北茨城市立常北中学校
古河市立古河第一中学校
古河市立古河第三中学校
古河市立三和東中学校
小美玉市立小川南中学校
城里町立桂中学校
筑西市立明野中学校
筑西市立関城中学校
つくば市立吾妻中学校
東海村立東海中学校
那珂市立第二中学校
行方市立麻生中学校
常陸太田市立峰山中学校
常陸太田市立世矢中学校
常陸大宮市立御前山中学校
日立市立大久保中学校
日立市立河原子中学校
日立市立久慈中学校
ひたちなか市立勝田第一中学校
水戸市立笠原中学校
水戸市立千波中学校

水戸市立第四中学校
水戸市立双葉台中学校
岩瀬高等学校
北茨城高等学校
鬼怒商業高等学校
古河第二高等学校
境西高等学校
下館第一高等学校
総和高等学校
水戸商業高等学校
結城第一高等学校
結城第二高等学校

【栃木県】

鹿沼市立粟野第二小学校
栃木市立栃木第三小学校
栃木市立皆川城東小学校
足利市立北中学校
宇都宮短期大学附属中学校
矢板市立矢板中学校
宇都宮女子学院高等学校
宇都宮短期大学附属高等学校

【群馬県】

渋川市立渋川西小学校
渋川市立橘小学校
高崎市立寺尾小学校
新島学園中学校
常磐高等学校
新島学園高等学校
藤岡工業高等学校

【埼玉県】

秩父市立西小学校
吉川市立栄小学校
吉川市立吉川小学校
小川町立欅台中学校
川越市立福原中学校
川口市立岸川中学校
川口市立芝東中学校
北本市立東中学校
北本市立宮内中学校
行田市立南河原中学校
越谷市立東中学校
さいたま市立慈恩寺中学校
さいたま市立尾間木中学校
狭山市立柏原中学校
ときがわ町立玉川中学校
東秩父村立東秩父中学校
宮代町立百間中学校
蕨市立第一中学校

【千葉県】

我孫子市立我孫子第四小学校
市原市立青葉台小学校
市原市立京葉小学校
佐倉市立臼井小学校
柏市立松葉第二小学校
勝浦市立行川小学校
鴨川市立江見小学校
九十九里町立片貝小学校
千代田市立阿蘇小学校
山武市立大富小学校
東庄町立笹川小学校
八千代市立阿蘇小学校
柏市立大津ヶ丘中学校
千葉市立新宿中学校
千葉日本大学第一高等学校

【東京都】

足立区立上沼田小学校
足立区千寿小学校
足立区立六木小学校
江東区立香取小学校
江東区立枝川小学校
江東区立八名川小学校
大田区立田園調布小学校
小平市立学園東小学校
小平市立花小金井小学校
小平市立小平第二小学校
立川市立柏小学校
千代田区立九段小学校
東京創価小学校
豊島区立清和小学校
豊島区立西巣鴨小学校
練馬区立大泉小学校
八王子市立第六小学校
羽村市立小作台小学校
日野市立仲田小学校
府中市立府中第十小学校
武蔵村山市立第二小学校
武蔵村山市立第四小学校

世田谷区立代田小学校
板橋区立中台中学校
江戸川区立上一色中学校
桜美林中学校
光塩女子学院中等科
世田谷区立用賀中学校
千代田区立麹町中学校
八王子市立七国中学校
府中市立府中第四中学校
桜美林高等学校
かえつ有明高等学校
関東国際高等学校
麹町学園高等学校
中央学院大学中央高等学校
筑波大学附属高等学校
文化女子大学附属杉並高等学校
明星高等学校
早稲田大学高等学院

【神奈川県】

横浜市立いぶき野小学校
大磯町立国府小学校
川崎市立岡上小学校
三浦市立旭小学校
横浜市立下永谷小学校
神奈川大学附属中学校
鎌倉女学院中学校
鎌倉市立深沢中学校
川崎市立生田中学校
川崎市立稲田中学校
川崎市立東高津中学校
川崎市立南河原中学校
川崎市立平間中学校
川崎市立宮崎中学校
桐蔭学園中等教育学校
公文国際学園
横浜共立学園中学校
横浜市立南戸塚中学校
横浜共立学園高等学校

【新潟県】

湯沢町立湯沢小学校
佐渡市立佐和田中学校
佐渡市立前浜中学校
上越市立安塚中学校
長岡市立東中学校
新潟市立味方中学校

【富山県】

氷見市立海峰小学校
黒部市立宇奈月中学校
高岡市立五位中学校
氷見市立十三中学校
となみ野高等学校
富山いずみ高等学校

【石川県】

白山市立朝日小学校
小松市立那谷小学校
七尾市立田鶴浜小学校
白山市立松南小学校
七尾市立能登島中学校
大聖寺高等学校

【福井県】

越前市大虫小学校
小浜市立宮川小学校
越前市武生第二中学校
越前市武生第二中学校坂口分校
越前市武生第六中学校
敦賀市立東浦中学校
福井市森田中学校
春江工業高等学校

【山梨県】

甲府市立相川小学校
組合立甲陵中学校
中央市立田富中学校
富士吉田市立明見中学校
北杜市立高根中学校
南アルプス市立白根巨摩中学校
上野原高等学校
桂高等学校
甲陵高等学校

【長野県】

佐久穂町立佐久東小学校
長野市立吉田小学校
小諸市立坂の上小学校
上田市立第三中学校
上田市立第六中学校
松本市立信明中学校

安曇野市立豊科北中学校
豊科高等学校
松本第一高等学校

【岐阜県】
大垣市立中川小学校
大野町立西小学校
岐阜市立合渡小学校
下呂市立下呂小学校
関市立上之保小学校
関市立下有知小学校
関市立瀬尻小学校
高山市立日和田小学校
飛騨市立宮川小学校
宮川市立宮川小学校
揖斐川町立久瀬中学校
大垣市立赤坂中学校
海津市立日新中学校
可児市立中部中学校
可児市立東可児中学校
岐阜市立藍川北中学校
岐阜市立東長良中学校
関市立緑ヶ丘中学校
古川中学校
飛騨市立神岡中学校
聖マリア女学院高等学校
飛騨神岡高等学校
東濃フロンティア高等学校

【静岡県】
芝川町立芝富小学校
函南町立東小学校
三島市立沢地小学校
静岡市立梅ヶ島中学校
静岡市立清水第五中学校
静岡大学教育学部附属浜松中学校
下田市立下田東中学校
浜松市立雄踏中学校
浜松市立中郡中学校
浜松市立南部中学校
浜松大平台高等学校

【愛知県】
一色町立一色中部小学校
刈谷市立双葉小学校
幸田町立深溝小学校
新城市立巴小学校
西尾市立鶴城小学校
西尾市立花ノ木小学校
西尾市立米津小学校
西尾市立矢田小学校
碧南市立西端小学校
みよし市立三好丘小学校
愛知教育大学附属岡崎中学校
安城市立安祥中学校
江南市立古知野中学校
清須市立清洲中学校
豊橋市立青陵中学校
西尾市立東部中学校
碧南市立中央中学校
名古屋大学教育学部附属中学校
名古屋市立沢上中学校
愛知みずほ大学瑞穂高等学校
幸田高等学校
衣台高等学校
東郷高等学校
豊明高等学校
日進西高等学校

【三重県】
志摩市立立神小学校
松阪市立中部中学校
三重大学教育学部附属中学校
宇治山田高等学校
紀南高等学校
高田高等学校

【滋賀県】
大津市立堅田小学校
大津市立打出中学校
大津市立志賀中学校
多賀町立多賀中学校
湖南市立甲西北中学校
長浜市立虎姫中学校
米原市立伊吹山中学校
野洲市立野洲北中学校

【京都府】
与謝野町立与謝小学校
城陽市立南城陽中学校
京都学園中学高等学校 中学部
福知山市立成和中学校

宮津市立日置中学校
宮津市立養老中学校

【大阪府】
堺市立浜寺小学校
枚方市立山田東小学校
大阪教育大学附属池田中学校
金蘭千里中学校
大阪市立扇町高等学校【閉校】
大阪市立扇町総合高等学校
科学技術学園高等学校
佐野高等学校

【兵庫県】
加古川市立加古川小学校
神戸市立本山第一小学校
高砂市立米田西小学校
丹波市立芦田小学校
丹波市立崇広小学校
丹波市立東小学校
姫路市立砥堀小学校
姫路市立林田小学校
愛徳学園高等学校

【奈良県】
葛城市立當麻小学校
奈良市立飛鳥小学校
奈良市立辰市小学校
上北山村立上北山中学校
聖心学園中等教育学校
青翔高等学校

【和歌山県】
田辺市立会津小学校
橋本市立恋野小学校
橋本市立信太小学校
田辺市立大塔中学校
和歌山大学教育学部附属中学校
有田中央高等学校

【鳥取県】
倉吉市立成徳小学校
智頭町立土師小学校
鳥取市立日進小学校
鳥取市立美保小学校
八頭町立隼小学校
大山町立大山中学校
大山町立名和中学校
鳥取市立江山中学校
鳥取県立鳥取聾学校
日南町立日南中学校
邑南町立石見東小学校
大田市立湯里小学校
平田市立国富小学校
松江市立秋鹿小学校
吉賀町立六日市中学校
島根県立情報科学高等学校
立正大学淞南高等学校

【岡山県】
岡山市立伊島小学校
岡山市立甲浦小学校
就実中学校
倉敷市立味野中学校
備前市立吉永中学校
倉敷工業高等学校

【広島県】
尾道市立山波小学校
尾道市立吉和小学校
世羅町立せらにし小学校
広島市立船越小学校
広島市立湯来西小学校
三次市立灰塚小学校
呉市立白岳中学校
広島市立亀崎中学校
広島市立日浦中学校
広島市立東原中学校
三原市立第四中学校
安芸高等学校
尾道高等学校
尾道北高等学校

【山口県】
下関市立勝山中学校
下関市立長成中学校
下関市立安岡中学校
宇部商業高等学校
日置農業高等学校

【徳島県】
石井町石井小学校
石井町高原小学校

海陽町海南小学校
鳴門市第二中学校

【香川県】

高松市立前田小学校
三豊市立上高瀬小学校
高松市立太田中学校
高松市立光洋中学校
高松工芸高等学校

【愛媛県】

愛南町立魚神山小学校【閉校】
愛南町立西浦小学校
内子町立大瀬小学校
宇和島市立喜佐方小学校
宇和島市立石応小学校
大洲市立正山小学校
大洲市立大成小学校
鬼北町立泉小学校
鬼北町立近永小学校
西予市立遊子川小学校
砥部町立玉谷小学校
松野町立松野東小学校
松山市立清水小学校
八幡浜市立舌田小学校
八幡浜市立真穴小学校
八幡浜市立松蔭小学校
愛南町立内海中学校
愛南町立御荘中学校
愛媛県立今治東中等教育学校
今治東中等教育学校
上島町立弓削中学校
西条市立西条北中学校
西条市立西条東中学校
済美平成中等教育学校
済美学園済美高等学校
西条高等学校
新居浜東高等学校
伯方高等学校
松山北高等学校　中島分校
松山中央高等学校
松山東高等学校

【高知県】

いの町立清水第一小学校
須崎市立横浪小学校
檮原町立西川小学校

【福岡県】

大牟田市立明治小学校
苅田町立与原小学校
春日市立春日北小学校
久留米市立上津小学校
大刀洗町立大刀洗小学校
大刀洗町立本郷小学校
筑後市立古島小学校
福岡朝鮮初級学校
前原市立波多江小学校
大牟田市立延命中学校
大野城市立大野東中学校
中村学園女子中学校
福岡教育大学附属久留米中学校
純真高等学校
中村学園女子中学・高等学校

【佐賀県】

小城市立晴田小学校
唐津市立神集島小学校
唐津市立納所小学校
みやき町立三根東小学校
上峰町立上峰中学校
佐賀県立うれしの特別支援学校

【長崎県】

長崎市立出津小学校
長崎市立小ヶ倉小学校
大村市立玖島中学校
平戸市立中野中学校
長崎北陽台高等学校

【熊本県】

熊本市立本荘小学校
球磨村立一勝地第一小学校
芦北町立田浦中学校
荒尾市立荒尾第二中学校
菊池市立泗水中学校
八代市立日奈久中学校
八代市立二見中学校
菊池高等学校

【大分県】

大分市立丹生小学校

竹田市立白丹小学校
臼杵市立東中学校
大分豊府高等学校
日出暘谷高等学校
竹田高等学校

【宮崎県】
川南町立川南小学校
椎葉村立松尾中学校
小林市立三松中学校
延岡市立島野浦中学校
宮崎西高等学校附属中学校
都城市立五十市中学校
都城市立沖水中学校
都城市立妻ヶ丘中学校
都城市立山田中学校
宮崎西高等学校

【鹿児島県】
霧島市立木原小学校
霧島市立宮内小学校
薩摩川内市立手打小学校
薩摩川内市立西山小学校
曾於市立大隅南小学校
西之表市立立山小学校
いちき串木野市立串木野西中学校
鹿屋市立鹿屋東中学校
指宿市立北指宿中学校
南さつま市立津貫中学校
湧水町立栗野中学校
鹿児島純心女子高等学校
川辺高等学校
高山高等学校
樟南高等学校

【沖縄県】
うるま市立赤道小学校
沖縄市立美東小学校
名護市立大宮小学校
名護市立名護小学校
宮古島市立来間小中学校
八重瀬町立白川小学校
宜野湾市立大山小学校
糸満市立兼城中学校
うるま市立浜中学校
国頭村立国頭中学校
豊見城市立長嶺中学校
名護市立大宮中学校
那覇市立首里中学校
那覇市立松島中学校
南風原町立南星中学校
宮古島市立上野中学校
宮古島市立来間中学校（小学校併設）
宮古島市立下地中学校
宮古島市立西城中学校
宮古島市立久松中学校
宮古島市立伊良部中学校
泊高等学校
沖縄尚学高等学校
北谷高等学校

【ギリシャ】
アテネ日本人学校

【中国】
広州日本人学校
杭州日本人学校
青島日本人学校
広州日本人学校（中学校）

【ノルウェー】
オスロ　ボルテルッカ小学校
オスロ　イーラ中学校

先生《せんせい》と子《こ》どもたちの学校《がっこう》俳句《はいく》歳時記《さいじき》

2012年11月27日　初版発行
2017年10月16日　初版第5刷発行

監　修　星野高士
　　　　仁平勝
　　　　石田郷子
企　画　上廣倫理財団
発行者　小島直人
発行所　株式会社 学芸みらい社
　　　　〒162-0833 東京都新宿区箪笥町31番 箪笥町SKビル3F
　　　　電話番号 03-5227-1266
　　　　http://www.gakugeimirai.jp/
　　　　E-mail : info@gakugeimirai.jp
印刷所・製本所　藤原印刷株式会社
ブックデザイン　荒木香樹
編集協力　神野沙希／佐藤孝子
本文イラスト　ZEN

落丁・乱丁本は弊社宛お送りください。送料弊社負担でお取り替えいたします。

ISBN978-4-905374-14-5　C0592